托育机构管理实务

刘芳　郑少文　主编

戎计双　孙筱炫　张爱红　王晓宇　阮成　副主编

清华大学出版社
北京

内 容 简 介

　　托育机构管理实务是婴幼儿托育服务与管理以及早期教育等相关专业课程体系中重要的专业核心课程。本书突出职业教育特点，采用活页式编写体例，配套资源丰富，将理论知识以生动的案例形式呈现出来，并落实到项目任务中，引导学生者在"学中做，做中学"。本书通过课前自学、课中实训实操、巩固提升及考核评价等版块帮助学习者逐步获得婴幼儿托育服务核心管理实操能力。本书内容包括托育机构组织与管理概述、托育机构设置与环境建设、托育机构制度管理、托育机构资源管理与团队建设、托育机构课程管理与园本教研、托育机构班级管理、托育机构卫生保健管理、托育机构安全管理、托育机构膳食管理、托育机构公共关系、托育机构品牌管理和托育机构工作评价。

　　本书可作为婴幼儿托育服务与管理、早期教育、婴幼儿发展与健康管理等专业的教材，也可作为托育机构管理者及在职员工自我提升用书。

　　本书配有教学视频和教学课件等立体化数字资源，扫描书中二维码即可下载或观看学习。

本书封面贴有清华大学出版社防伪标签，无标签者不得销售。
版权所有，侵权必究。举报：010-62782989，beiqinquan@tup.tsinghua.edu.cn

图书在版编目（CIP）数据

托育机构管理实务 / 刘芳,郑少文主编. -- 北京：清华大学出版社 , 2025.9. -- ISBN 978-7-302-68706-1
Ⅰ. G617
中国国家版本馆 CIP 数据核字第 202546S3U6 号

责任编辑：张　弛
封面设计：刘　键
责任校对：李　梅
责任印制：宋　林

出版发行：清华大学出版社
网　　址：https://www.tup.com.cn，https://www.wqxuetang.com
地　　址：北京清华大学学研大厦A座　　　　邮　编：100084
社 总 机：010-83470000　　　　　　　　　邮　购：010-62786544
投稿与读者服务：010-62776969，c-service@tup.tsinghua.edu.cn
质量反馈：010-62772015，zhiliang@tup.tsinghua.edu.cn
课件下载：https://www.tup.com.cn，010-83470410
印 装 者：三河市铭诚印务有限公司
经　　销：全国新华书店
开　　本：185mm×260mm　　印　张：14.75　　字　数：356千字
版　　次：2025年9月第1版　　　　　　　　印　次：2025年9月第1次印刷
定　　价：50.00元

产品编号：103358-01

前　言

托育机构管理实务是婴幼儿托育服务与管理以及早期教育等相关专业课程体系中重要的专业核心课程。本书在系统讲解托育机构管理基本理论知识的基础上，依托实践案例和项目任务引导学生逐步获得托育机构设置与环境建设、托育机构制度管理、托育机构资源管理与团队建设、托育机构课程管理与园本教研、托育机构班级管理、托育机构卫生保健管理、托育机构安全管理、托育机构膳食管理、托育机构公共关系、托育机构品牌管理、托育机构工作评价等婴幼儿托育服务核心管理实操能力。

本书深入贯彻党的二十大报告明确提出的优化人口发展战略，建立生育支持政策体系，降低生育、养育、教育成本；推进教育数字化，建设全民终身学习的学习型社会、学习型大国的要求，聚焦"幼有所育、学有所教"，充分利用数字化资源，着力提升婴幼儿照护相关专业学生的托育机构管理技能。本书具有以下特点。

1. 校企双元制编写

本书实行校企双主编制，由济南职业学院婴幼儿托育服务与管理专业负责人刘芳和济南市婴幼儿托育服务行业协会会长郑少文联合主持开发，内容紧密联系托育机构管理实际，具有鲜明的职业特色，非常适合职业院校学生学习。

2. 科学性与实践性

本书遵循教育部《婴幼儿托育服务与管理专业教学标准》、国务院办公厅《关于促进3岁以下婴幼儿照护服务发展的指导意见》（国办发〔2019〕15号）、《托育机构负责人培训大纲（试行）》《托育机构保育指导大纲（试行）》等标准和政策的要求，并参考大量权威学术著作，做到概念定义准确、原理阐释清晰，通过教师在入园实践锻炼和学生实习实训中采集的实践案例帮助学习者充分理解托育机构管理的基本理论，掌握托育机构管理的各项技能。

3. 突出职业教育特点

本书在编写体例上突出职业教育特点，强调对专业知识的自主建构与认知，关注学生专业能力的养成，采用活页式编写体例，将理论知识以大量真实、生动的案例形式呈现出来，并落实到项目任务中，引导学习者"学中做，做中学"。通过课前自学、课中实训、巩固提升、考核评价等版块帮助学习者逐步掌握托育机构管理的基本技能。

4. 配套资源丰富，便于教学和学习

本书突出应用性和可操作性，聚焦学龄前儿童全面发展的需求，配套课程标准、PPT、习题、微课、项目考核评价表等，便于教师教学和学生理解掌握，同时可以更好地实现过程化考核。

5. 落实教育类课程立德树人要求

本书注重对学生价值观的培养，在原有的知识、能力等课程目标基础上，进一步强调社会主义核心价值观、职业道德、职业精神的价值引领目标。引导学生认识托育工作者对婴幼儿全面发展的重要性和"幼有所育"对国家、社会、家庭的重要性，着重培养学生作为未来托育工作者的责任感、使命感以及热爱婴幼儿、热爱托育事业的职业情怀。

本书实行校企双主编制，由济南职业学院婴幼儿托育服务与管理专业负责人刘芳和济南市婴幼儿托育服务行业协会会长郑少文共同确立教材体例和章节内容。编写分工如下：刘芳负责全书的修改及统稿工作并编写了项目三和项目七，项目一和项目八由郑少文编写，项目二和项目四由济南职业学院孙筱炫编写，项目五和项目六由枣庄科技职业学院张爱红编写，项目九和项目十二由唐山幼儿示范高等专科学校戎计双编写，项目十和项目十一由山东理工职业学院王晓宇编写，清远职业技术学院阮成为本书制作了微课、课件等配套资源。本书在编写过程中引用了诸多国内外相关专著、教材和论文，在此向相关作者表示感谢！

编　者

2025 年 3 月

课前自测答案　　课件教案

目 录

项目一　托育机构组织与管理概述·· 1
　　任务一　了解管理学的基础知识·· 5
　　任务二　了解国内外企业管理学理论与实践····································· 12
　　任务三　掌握托育机构组织与管理的主要任务和基本原则······················ 16

项目二　托育机构设置与环境建设·· 23
　　任务一　掌握托育机构的申请与备案·· 29
　　任务二　了解托育机构的设置··· 33
　　任务三　掌握托育机构的环境建设·· 37

项目三　托育机构制度管理·· 45
　　任务一　认识托育机构的组织机构·· 49
　　任务二　掌握托育机构规章制度··· 52
　　任务三　了解园长负责制··· 56
　　任务四　熟悉托育机构各岗位职责·· 58

项目四　托育机构资源管理与团队建设··· 65
　　任务一　了解托育机构人力资源管理·· 70
　　任务二　了解托育机构财务和资产管理··· 73
　　任务三　了解托育机构团队建设··· 76

项目五　托育机构课程管理与园本教研··· 83
　　任务一　认识托育机构课程管理··· 89
　　任务二　掌握托育机构园本教研管理·· 93

项目六　托育机构班级管理·· 99
　　任务一　托育机构班级管理概述·· 104

任务二　掌握托育机构班级一日常规管理……………………………………… 109
　　任务三　掌握托育机构班级信息管理…………………………………………… 114

项目七　托育机构卫生保健管理……………………………………………… 121
　　任务一　掌握托育机构环境及设备的卫生管理………………………………… 125
　　任务二　托育机构保育教育活动的卫生管理…………………………………… 128
　　任务三　托育机构各项卫生保健制度…………………………………………… 133

项目八　托育机构安全管理…………………………………………………… 141
　　任务一　了解托育工作人员安全管理…………………………………………… 145
　　任务二　掌握托育机构伤害预防及安全环境创设……………………………… 148
　　任务三　了解托育机构安全设施及监控技术管理……………………………… 152
　　任务四　掌握托育机构安全评估与应急处理…………………………………… 155

项目九　托育机构膳食管理…………………………………………………… 161
　　任务一　认识托育机构膳食管理………………………………………………… 165
　　任务二　掌握托育机构膳食工作流程…………………………………………… 168
　　任务三　掌握托育机构食品安全事故处理……………………………………… 175

项目十　托育机构公共关系…………………………………………………… 181
　　任务一　认识托育机构公共关系管理…………………………………………… 185
　　任务二　掌握托育机构的家长公共关系管理…………………………………… 191
　　任务三　掌握托育机构的社区公共关系管理…………………………………… 194

项目十一　托育机构品牌管理………………………………………………… 201
　　任务一　认识托育机构的品牌管理……………………………………………… 205
　　任务二　了解托育机构品牌的维护与提升……………………………………… 208

项目十二　托育机构工作评价………………………………………………… 213
　　任务一　认识托育机构工作评价基础知识……………………………………… 216
　　任务二　掌握托育机构内部评价的组织与实施………………………………… 222
　　任务三　掌握托育机构工作外部评价中的内容与对策………………………… 224

参考文献……………………………………………………………………………… 229

项目一
托育机构组织与管理概述

项目概述

管理可以提高托育机构的运作效率，使团队和个人都有明确的发展方向，充分发挥机构中每一位成员的潜能，形成科学、规范的服务体系，为婴幼儿提供优质的托育服务，树立托育机构的品牌形象，营造良好的家园共育氛围。托育机构只有通过科学的管理才能实现良性发展。

本项目重点学习管理学方面的基本理论知识、托育机构的组织结构和管理模式、托育机构管理的基本原则和主要任务。

学习目标

知识目标
1. 了解管理学方面的基本理论知识。
2. 了解国内外企业管理实践和管理思想。
3. 掌握托育机构管理的主要任务和基本原则。
4. 掌握学习"托育机构组织与管理"的意义和方法。

能力目标
1. 能够将管理学方面的基本理论知识与托育机构的实践相结合。
2. 能够初步运用托育机构管理的原则对托育机构管理进行分析、评价。

素养目标
1. 引导学生深入社会实践，关注托育专业和行业领域的国家战略、法律法规和相关政策。
2. 初步形成科学管理的理念。

案例导入

甲园和乙园都是某省会城市在卫健委备案的托育园，托位数都为60人。经过一年多的运营，甲园因口碑和运营状况良好，经市卫健委评估被评定为市级托育示范园，按照国家政策，获得了国家的对口建设补贴60万元，获得市政府、卫健委一次性示范奖励20万元，托位供不应求，员工满意度也较高。而乙园却陷入了困境：部分家长对托育园的服务不满意而退园，随后的招生工作出现了困难，托育园不得不抽出大量的精力来进行宣传和招生，并给每位员工规定了一个招生名额的任务，完不成任务的扣除绩效工资，但是也没有解决招生问题，反而引起员工的不满，加上因为生源过少，出现了资金困难不能及时发工资的情况，员工也纷纷离职。乙园的李园长对此感到很困惑，向甲园的张园长请教，张园长听完李园长对乙园情况的介绍后，建议她系统学习托育机构组织与管理的知识，或者聘请专业的管理人员来帮助幼儿园改善状况。

课前自学

阅读卡片

什么是管理

管理是指在特定的环境下，对组织所拥有的人力、物力、财力、信息等资源进行有效的计划、组织、领导和控制，以便高效地实现组织目标的过程。管理包含三层含义：首先，管理的目的是实现组织目标；其次，管理者要有效地协调人、财、物、时间、信息和技术等资源；最后，管理者要通过计划、组织、人员配备、领导和控制等管理过程来实现。

管理有三个基本点，即目标、资源、效率。

（1）确定工作目标。管理工作必须围绕某个明确的目标来展开，既是管理工作的开始，又是管理工作的结果。比如，一个托育园园长首先要考虑把托育园办成什么样——这是目标的确立，是管理的开始；其次要组织各方面力量为实现目标而努力——这是管理的过程；最后达到预先确立的目标——这是管理的结果。目标是管理工作的核心。

（2）各种资源的有效运用。资源包括方方面面，有物质资源和人力资源，有有形资源和无形资源，管理就是将这些资源合理地搭配，使其发挥最大的效能。有时我们会让一个脾气急躁的人和一个慢性子的人共同完成项任务，目的就在于使他们的性格互补。

（3）提高效率。管理的最终目的就是最大限度地提高工作效率。有的单位为实现精细化管理设立了许多机构，却导致办事程序复杂化，降低了工作效率。提高管理水平的目的是提高工作效率。

阅读卡片

管理的重要性

管理是一种科学方法。管理通过计划、组织、领导、控制等职能，保障组织各项活动的协调性、统一性，是企业开展生产经营活动的一种有效手段，其重要性体现在以下几方面。

一、管理可以提高企业的运作效率

科学有效的管理有利于最大效率地适应公司的人力资源、物力资源和财力资源，有利于提高企业的生产效率，一定程度上推动了企业的健康、良性发展。可以说，没有管理就没有效率，没有效率企业就无法生存。管理可以使企业在资源有限的条件下，获得最佳收益。通过管理，托育机构可以实现资源的科学配置，在同样的人力、物力和财力投入的情况下提供更好地托育服务，同时也可以提高托育机构的收益和员工待遇。

二、管理有利于实现企业的目标

企业的各项生产活动必定要依靠各种政策来进行管理并制定实现的目标，依靠现代的企业管理可以将企业发展中实行的政策和目标充分显示，并且及时地将企业发展的各项信息进行收集和反馈，以便更好地实现目标。例如，通过管理可以明确托育机构的目标，有针对性地制定科学措施，实现托育机构的目标。

三、管理可以充分发挥每位员工的潜能

科学有效的管理一定程度上有利于实现人力资源的合理配置，提高员工整体素质，充分调动员工的积极性，发挥他们的主观能动性，更加有利于企业的长远发展。例如，通过科学管理不仅可以保障托育机构员工的收入，还可以通过培训、考核、激励等机制提高他们的专业能力和专业素养，促进其职业成长，发挥他们的潜能。

四、科学管理可以使企业财务清晰

科学管理有利于企业优化资本结构合理，投融资恰当，提高经济效益。加强企业的财务管理可以使企业财务清晰，对于保证其健康发展、充分发挥潜力、增强竞争力、抵御风险具有重要的意义。例如，财务状况良好的托育机构在提高服务质量、团队管理和品牌形象方面更有优势，从而实现良性循环。

五、管理有利于向顾客提供满意的产品和服务

提供顾客满意的产品和服务是成功生存和发展的制胜法宝。通过科学的管理可以充分了解顾客的需求，从而有针对性地改善产品，提高服务质量，有利于企业增强竞争力，实现良性健康发展。例如，科学管理可以提供规范安全的托育服务，有利于打消家庭的顾虑，实现家庭和托育机构的双赢。

六、管理可以提高企业的社会效益

通过管理提高企业效益，可以多纳税，对国家和社会正常运行和发展做出更大贡献；也可以创造更多的就业机会，吸收一定量的人员就业。企业良性发展可以更好地参与社会公益活动，为社会多做贡献。另外，企业通过管理提供的优质产品和服务本身就可带来巨大的社会效益。例如，通过科学管理做好托育服务，可以解决家庭的育儿难题，实现幼有所育，也为缓解我国人口老龄化做出更多贡献。

课前自测

一、填空题

1. 管理是指在特定的环境下，对组织所拥有的_____、_____、_____、_____

等资源进行有效的_____、_____、_____和_____等手段，以便高效地实现组织目标的过程。

2. 管理是一项复杂的系统工程，是_____性和_____艺术的统一。

3. _____是全部管理职能中最基本的职能，也是实施其他管理职能的条件。

二、判断题

1. 管理的科学性揭示了管理活动的规律，反映了管理的个性；管理的艺术性则揭示了管理的共性。（　　）

2. 计划指管理者为了实现组织目标而对组织内每名成员和全体成员的行为进行引导和施加影响的活动过程。（　　）

课中实训

课前自测答案

实训目标

1. 了解管理学方面的基本理论知识。
2. 了解国内外管理实践和管理思想。
3. 掌握托育机构管理的主要任务和基本原则。
4. 能够初步运用托育机构管理的原理对托育机构管理进行分析、评价。
5. 引导学生深入社会实践、关注托育专业和行业领域的国家战略、法律法规和相关政策。

实训条件

项目一实施条件如表1-1所示。

表1-1　项目一实施条件

名　称	实　施　条　件	要　　求
实训环境	理实一体化教室	校园网无线Wi-Fi，可在线观看线上资源
物品准备	① 签字笔； ② 记录本（活页）； ③ 手机或平板电脑等设备； ④ 投影仪或一体机	材料充足，满足实训需求
知识准备	① 初步具备管理学方面的相关理论知识； ② 具备上网查找相关资料的能力	理解记忆相关知识点

实训步骤

1. 小组讨论，管理在托育机构发展中的重要性，达成团队管理目标和思想共识。

2. 小组讨论，梳理管理的一般过程。
3. 针对自己需要改善的一个项目，完成 PDCA 八个步骤的 P 阶段。
4. 了解东西方企业管理思想，结合托育机构的特点讨论哪些管理思想适合嵌入日常管理中。
5. 绘制托育机构组织与管理主要任务的思维导图。
6. 小组讨论，托育机构的管理需要坚持哪些原则及原因。

任务一　了解管理学的基础知识

情境导入

在案例导入中，乙园的李园长接受甲园张园长的建议，准备系统学习托育机构组织与管理的知识。按照张园长的指点，她准备先从管理学的基本知识入手，那么她应该了解哪些内容呢？

任务提示

1. 管理有哪些基本特征？
2. 管理有哪些职能？
3. 管理的过程有哪些步骤？

知识点拨

管理的基本特征

管理既具有同生产力、社会化生产相联系的自然属性，同时也具有同生产关系、社会制度相联系的社会属性，这就是管理的二重性。从管理活动过程的要求来看，既要遵循管理过程中客观规律的科学性要求，又要体现灵活协调的艺术性要求，这就是管理所具有的科学性和艺术性。管理过程不是静态的过程，管理是随着时空的变化而变化的，而且需要根据形势的变化来不断地创新，这就是管理的动态性和创新性。

一、管理的自然属性和社会属性

管理具有二重性，即自然属性和社会属性。

管理的自然属性体现在管理是不随个人意识和社会意识的变化而变化的客观存在，是对人、财、物、信息等资源加以整合与协调必不可少的过程。有时把管理的自然属性也称为管理的生产力属性。

管理是在一定生产关系和社会制度中才能进行的社会活动，这种活动体现了生产资料所有者指挥劳动、监督劳动的意志。这体现了管理的社会属性。它与生产关系和社会制度相联系，既是一定社会制度的体现，又反映和维护一定的社会制度，其性质取决于社会制度的性质，不同的社会制度有不同的社会属性。它具有调节和维护社会生产关系的职能。有时把管理的社会属性也叫作管理的生产关系属性。

二、管理的科学性和艺术性

管理是一项复杂的系统工程，是科学性与艺术性的统一。

管理的科学性反映管理实践活动的客观规律。管理理论来自实践，又指导实践，有一系列分析、解决问题的概念、原理、原则和方法构成的知识体系，只有按照管理活动本身所蕴含的客观规律办事，管理的目标才能实现。

管理的艺术性是指灵活运用管理理论知识的技巧。由于管理对象的复杂性和管理环境的多变性，管理者在应用管理理论指导管理实践时，不可能像自然科学一样套用定理和公式，而应当据具体的管理目的、管理环境与管理对象，创造性地运用管理理论知识与技能去解决所遇到的各种实际问题，管理才可能获得成功。

管理是科学性与艺术性的有机统一体，是辩证统一的关系。管理的艺术性和科学性是相互依赖、相互补充的。管理的科学性揭示了管理活动的规律，反映了管理的共性；管理的艺术性则揭示了管理的个性。

三、管理的动态性和创新性

管理是随着时间和空间环境的不断变化而不断调整以适应人类社会发展需要的，而且现代组织管理理论主要分析组织中的人际关系、信息流通、决策过程，可见这里的管理是一个动态过程。任何管理都要根据目标、资源、时间、空间的变化不断地调整管理计划和方法，因此管理具有动态性。

管理既然是一种动态活动，那就意味着每一个具体的管理对象都没有一种固定的、完全可以照搬的管理模式可以参照，要到既定目标与责任，就需要管理创新。近年来，由于网络和科学技术的迅猛发展，社会经济活动空前活跃，市场的需求瞬息万变，社会关系也日益复杂，每位管理者每天都会遇到新情况、新问题。如果因循守旧、墨守成规，就无法应对新形势对管理的严峻挑战，无法达到管理的目标，因此，管理具有创新性。

知识点拨

管理的职能

管理职能又称管理的要素，是指管理过程中各项活动的基本功能，是管理原则、管理方法的具体体现。现代管理学一般认为，管理职能包括：计划、组织、领导和控制。

一、计划

计划（planning）指管理者对将要实现的目标和应采取的行动方案作出选择及具体安排的活动过程，简言之，就是预测未来并制定行动方案。其主要内容涉及：分析内外环境、确定组织目标、制定组织发展战略、提出实现既定目标和战略的策略与作业计划、规定组织的决策程序等。计划既是全部管理职能中最基本的职能，也是实施其他管理职能的条件。

二、组织

组织（organizing）指管理者根据既定目标，对组织中的各种要素及人们之间相互关系进行合理安排的过程，简言之就是建立组织的物质结构和社会结构。其主要内容包括：设计组织结构、建立管理体制、分配权力、明确责任、配置资源、构建有效的信息沟通网络等。组织为管理工作提供了结构保证，它是进行人员管理、指导和领导、控制的前提。

三、领导

领导（leading）指管理者为了实现组织目标而对组织内每名成员和全体成员的行为进行引导和施加影响的活动过程，其目的在于使个体和群体能够自觉自愿而有信心地为实现组织既定目标而努力。具体途径包括：激励下属、对他们的活动进行指导、选择最有效的沟通渠道解决组织成员之间以及组织与其他组织之间的冲突等。

四、控制

控制（controlling）是指按既定目标和标准对组织的活动进行监督、检查，发现偏差，采取纠正措施，使工作能按原定计划进行，或适当调整计划以达预期目的。控制工作是一个延续不断的、反复发生的过程，其目的在于保证组织实际的活动及其成果同预期目标相一致。控制就是保证组织的一切活动符合预先制订的计划。

知识点拨

管理的过程（"戴明环"管理过程理论）

管理的过程是指为实现预定的管理目标，管理者组织全体员工按照计划有步骤进行的共同活动的程序。管理过程就是对过程的管理，是达成目标的重要环节管理。

微课："戴明环"
管理过程理论

管理学界的学者对管理过程从不同的角度提出了自己的观点，其中最有影响力的就是"戴明环"管理过程理论，它是由美国质量管理专家休哈特博士首先提出，由世界著名的质量管理专家爱德华兹·戴明（W. Edwards Deming）博士采纳、宣传，获得普及，因而被称为"戴明环"理论，又叫PDCA循环。PDCA循环即按照计划、执行、检查和处理的顺序进行质量管理，并且循环不止地进行下去的科学程序。"戴明环"理论是全面质量管理所应遵循的科学程序，如图1-1所示。

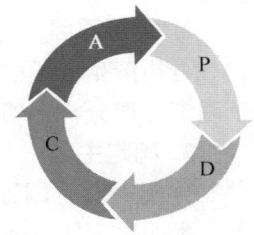

图1-1　PDCA循环

一、PDCA循环

（1）P（plan）计划。包括方针和目标的确定，以及制定活动规划。

（2）D（do）执行。根据已知的信息，设计具体的方法、方案和计划布局；再根据计划和布局，进行具体运作，实现计划中的内容。

（3）C（check）检查。总结执行计划的结果，分清哪些对了，哪些错了，明确效果，提出问题。

（4）A（action）处理。对检查的结果进行处理，对成功的经验加以肯定，并予以标准化；对于失败的教训也要总结，引起重视；没有解决的问题放到下一个PDCA循环解决。

"戴明环"管理过程理论,在管理中得到普遍采用,特别是对于提高产品质量、改善企业经营管理起到了积极的作用。如今"戴明环"理论也被引入工程、科研和教育等管理。

二、PDCA 的四个阶段

1. 计划阶段

要通过市场调查、用户访问等方式摸清用户对产品质量的要求,确定质量政策、质量目标和质量计划等。包括现状调查、分析、确定要因、制订计划。

2. 执行阶段

实施上一阶段所规定的内容。根据质量标准进行产品设计、试制、试验及计划执行前的人员培训。

3. 检查阶段

主要是在计划执行过程中或执行之后检查执行情况,看是否符合计划的预期结果效果。

4. 处理阶段

主要是根据检查结果,采取相应的措施。巩固成绩,把成功的经验尽可能纳入标准,进行标准化,遗留问题则转入下一个 PDCA 循环去解决。

PDCA 的四个阶段如图 1-2 所示。

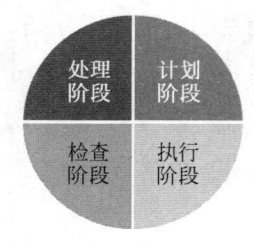

图 1-2　PDCA 的四个阶段

三、PDCA 的八个步骤

1. 找出问题

在做计划之前,需要分析现状,找出存在的问题,包括产品(服务)质量问题及管理中存在的问题。尽可能用数据说明,并确定需要改进的主要问题。

2. 分析原因

分析产生问题的各种影响因素,尽可能将这些因素都罗列出来。注意要逐个问题、逐个因素详加分析,切忌主观、笼统、粗枝大叶。

3. 确定主因

分析完所有因素后,再分析主要因素是什么。每一个问题的产生都有主要原因,例如,影响这个问题的产生有十个因素,按照二八原则,大概有两个到三个是主要因素。找到主要因素才能够彻底解决问题,切忌"眉毛胡子一把抓"如果找不到主要因素问题是没办法解决的。

4. 制定措施

分析到主要原因以后,针对主要原因采取措施。接下来就要针对影响质量的主要因素制定措施,提出改进计划,并预计其效果。措施和活动计划要具体、明确,切忌空洞、模糊。在采取措施的时候,我们可以采用 5W 法,即:Why,为什么要制定这个措施?What,我要达到什么目标? Where,在什么地方做? Who,由谁来负责完成? When,什么么时间完成?

以上四步是 P（计划）阶段的具体化。

5. 执行计划

实施既定的措施计划，也就是 D（执行）阶段。请注意：执行中若发现新的问题或情况发生变化（如人员变动）应及时修改措施计划。

6. 检查效果

根据措施计划的要求，检查、验证实际执行的结果，看是否达到了预期的效果，也就是 C（检查）阶段。检查效果要对照措施计划中规定的目标进行，检查效果必须实事求是，不夸大也不缩小，未完全达到目标也没有关系。把执行结果与要求达到的目标进行对比。

7. 纳入标准

根据检查的结果进行总结，把成功的经验和失败的教训都纳入有关标准、规程、制度之中，巩固已经取得的成绩。这一步是非常重要的，需要下决心，否则质量改进就失去了意义。在涉及更改标准、程序、制度时应慎重，必要时还需要进行多次 PDCA 循环加以验证。

8. 遗留问题

每个问题不一定靠一个 PDCA 循环就能够解决，有时候一次可以解决，有时候可能要转几次。根据检查的结果提出这一循环尚未解决的问题，分析因质量改进造成的新问题，把它们转到下一次 PDCA 循环的第一步去。

PDCA 循环的八个步骤如图 1-3 所示。

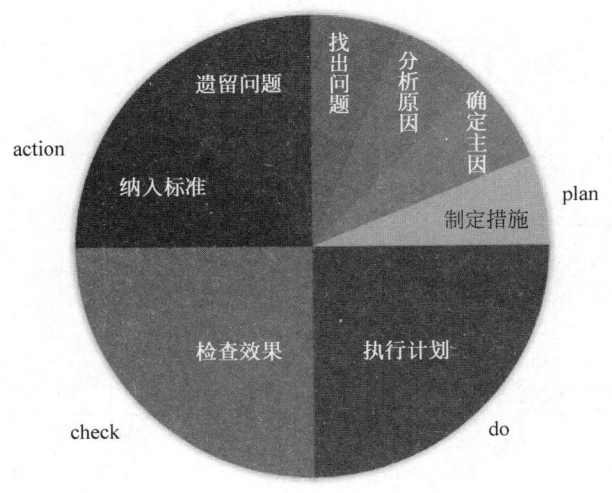

图 1-3　PDCA 循环的八个步骤

任务实操 1-1-1

小组讨论，梳理管理的职能填写表 1-2。（注：不同学者对管理的职能有不同的阐述，本书只列出了公认的四项最基本的职能，可以通过扫码阅读和上网查找资料来进一步理解管理的职能。）

表 1-2　管理的职能

职　能	含　义

任务实操 1-1-2

请针对上学期学业、营养膳食、体育锻炼或其他方面需要改进的一个项目，运用管理学的基本知识，完成 PDCA 的 P（计划）阶段并填入表 1-3。

表 1-3　PDCA 的 P（计划）阶段

项目名称＿＿＿＿＿＿＿＿＿＿

步　　骤	
找出问题	
分析原因	
确定主因	
制定措施	

任务二　了解国内外企业管理学理论与实践

情境导入

在前面的导入案例中，乙园的李园长按照张园长的指点，学习了管理学的基本知识。接下来张园长向李园长介绍，了解国内外管理科学的产生和发展，传承中华民族古老的管理思想智慧，中西交融、古今并蓄，有助于更好地理解和掌握管理的基本理论和规律，为托育机构管理做好更充分的准备。

任务提示

1. 国外有哪些管理学理论与实践？
2. 我国都有哪些理论与实践，传统文化对管理学都有哪些启示？

知识点拨

西方企业管理理论与实践

1. 西方企业管理发展历程

（1）传统管理阶段（19世纪中期至20世纪初期）：这个时期，管理主要依靠个人经验和直觉，缺乏科学性和系统性，主要的管理方法是"管理者的智慧"。

（2）科学管理阶段（20世纪初期至20世纪中期）：这个时期，弗雷德里克·泰勒提出了科学管理理论，强调通过分析工作流程，制定规范化操作方法，提高生产效率和质量。

（3）行为管理阶段（20世纪中期至20世纪末期）：这个时期，艾伯特·马斯洛提出了人类需求层次理论，认为员工的需求和动机是影响员工绩效的重要因素，强调员工激励和培训。

（4）现代管理阶段（20世纪末期至今）：这个时期，全面质量管理、知识管理、供应链管理等新的管理理论和实践不断涌现，企业管理逐渐走向全球化和数字化。

微课：马斯洛需要层次理论

2. 西方企业管理的主要理论

（1）科学管理理论：强调通过分析工作流程和制定规范化操作方法，提高生产效率和质量。

（2）行为管理理论：强调员工的需求和动机是影响员工绩效的重要因素，注重员工激励和培训。

（3）现代化管理理论：强调企业管理者应该具备现代化管理知识和技能，注重科学、规范、效率的管理方式。

（4）全面质量管理理论：强调全员参与和持续改进，注重质量控制和客户满意度。

（5）知识管理理论：强调知识的重要性，注重知识的创造、获取、传递和应用。

总之，西方企业管理的发展经历了多个阶段，不同的阶段涌现了不同的管理理论和实践，这些理论和实践在不同的时期和情境中得到了应用和发展。

知识点拨

我国主要的企业管理理论与实践

我国古代的管理思想见于《周礼》《孟子》《孙子》等书，主要体现为以儒家、道家、法家、兵家等学派思想关于社会治理的理论，有学者称为"儒道结合"，也有学者称为"内法外儒"。随着中华人民共和国的建立，传统的社会管理思想逐渐与现代企业管理思想碰撞，形成了适应于我国特定社会经济环境的管理理论。

1. 我国的企业管理发展阶段

（1）20世纪50年代至70年代初期：这个时期，中国企业管理主要受到苏联计划经济体制的影响，管理模式以计划经济为主，企业管理以政治化为主要特点。

（2）20世纪70年代中期至80年代初期：这个时期，中国逐渐摆脱了苏联的影响，开始借鉴西方的管理理论和实践，如美国的科学管理和日本的质量管理等，企业管理开始向现代化管理转型。

（3）20世纪80年代中期至90年代初期：这个时期，中国的改革开放进一步深化，企业管理开始向市场化管理转型，注重市场营销和企业竞争力的提升，如"三个代表""和谐企业"等理念开始兴起。

（4）20世纪90年代中期至今：这个时期，中国企业管理逐渐走向国际化，注重企业文化和品牌建设，如"中国制造2025""中国品牌"等战略开始提出，企业管理理论和实践不断创新和发展。

2. 主要企业管理理论

在中国企业管理的发展过程中涌现出以下主要管理理论。

（1）传统文化管理理论：强调企业管理者应该具备高尚的品德和道德素质，注重企业的社会责任和公共利益，如一些企业会在招聘和培训中强调文化素质和道德品质。

（2）德行管理理论：强调企业管理者应该具备高尚的品德和道德素质，注重企业的社会责任和公共利益，如一些企业会在内部管理中强调廉洁自律和社会责任。

（3）道德领导力理论：强调企业管理者应该具备高尚的品德和道德素质，注重领导者的人格魅力、影响力和感召力，如一些企业会在领导力培训中强调道德修养和领导力的培养。

（4）人本主义管理理论：强调企业管理者应该关注员工的需求和利益，注重员工的自我实现和幸福感，如一些企业会在员工福利和培训中强调员工的个人发展和幸福感。

（5）现代化管理理论：强调企业管理者应该具备现代化管理知识和技能，注重科学、规范、效率的管理方式，如一些企业会在管理培训中强调现代化管理知识和技能的培养。

总之，中国企业管理的发展经历了多个阶段，不同的阶段涌现了不同的管理理论和实践，这些理论和实践在不同的时期和情境中得到了应用和发展。

任务实操1-2-1

分组学习和了解行为管理理论的相关知识，联系托育机构的管理实践，模拟制定如下管理措施。

- 建立员工培训和发展计划，提高员工技能和职业发展机会；
- 设立激励机制和奖励制度，激发员工工作积极性和创新意识；
- 注重员工的心理健康和工作满意度，提高员工工作质量和服务态度；
- 加强员工与家长的沟通和互动，建立良好的家园合作关系；
- 关注员工的个性和特长，发挥员工的潜力和创造力。

任务实操 1-2-2

分组学习传统文化管理理论的相关知识,在托育机构管理中强调科学、规范、效率的管理方式,模拟制定如下管理措施。

- 建立"以人为本"的管理理念,传统文化强调人与人之间的关系,托育机构管理应该注重员工和儿童的关系,建立温馨、亲切、和谐的托育环境;
- 培养员工的"仁爱"精神,传统文化强调"仁爱""慈善"等价值观念,托育机构管理应该注重员工的情感教育,培养员工的"仁爱"精神,使其关注儿童的身心健康,注重儿童的情感需求;
- 强化家庭教育的作用,传统文化强调家庭教育的重要性,托育机构管理应该注重与家长的沟通和合作,共同关注儿童的成长和发展,建立家园合作的良好关系;
- 建立"忠诚"和"诚信"的管理文化,传统文化强调"忠诚""诚信"等价值观念,托育机构管理应该注重员工的职业道德和工作纪律,建立"忠诚"和"诚信"的管理文化,保证服务质量和安全;
- 强调"教育"和"学习"的重要性,传统文化强调"教育"和"学习"的重要性,托育机构管理应该注重员工的培训和发展,提高员工的教育水平和专业技能,提高服务质量和效率。

任务三 掌握托育机构组织与管理的主要任务和基本原则

情境导入

通过不断地学习，乙园的李院长带领团队学习了国内外经典的企业管理理论知识，感觉收获很多，但在与管理实践的结合过程中仍遇到很多问题。于是李园长又向张园长请教，张园长耐心地听完这些问题，建议李园长熟悉和掌握托育机构组织与管理的主要任务和基本原则，根据前面学到的管理方法充分梳理自己的管理需求，明确管理目标，归纳需要突破的管理问题，在解决问题的情景中再引入管理理论做支撑就会事半功倍，更好地形成科学的管理规范。

知识点拨

托育机构组织与管理的主要任务

托育机构组织与管理是研究和探讨托育机构组织与管理活动现象，并揭示其规律的一门学科。我国的婴幼儿托育行业尚处于起步阶段，科学地组织与管理托育机构就更加重要，这就要求我们必须从托育机构管理的实际情况出发，创造性地运用管理学的一般规律，充分协调和利用托育机构的各种资源，围绕促进婴幼儿身心健康发展和服务婴幼儿家庭教育的工作目标进行科学管理，才能提升办托质量，促进托育机构的良性、健康发展。

微课：托育机构组织与管理的主要任务

托育机构组织与管理按照婴幼儿托育的任务、内容、工作范围和工作规律，主要概括为以下六个方面的内容。

1. 托育机构品牌与质量工作管理

托育机构的品牌建设与服务质量休戚相关，服务质量直接关系到婴幼儿的身心健康，因此以医、保、教先进理念为内涵的品牌建设和服务质量是日常管理中的核心工作，包括服务标准制定、服务流程设计、服务质量评估和改进等，确保提供优质的托育服务。

2. 托育机构人力资源管理

人力资源管理是托育机构内涵建设的主要内容，既关系到托育机构的正常运转，又关系到托育机构的发展和托育质量的提升。托育机构人力资源管理主要是要做好园长及其领导工作、促进保教队伍专业成长，提高管理人员及服务人员素质。

3. 托育机构安全管理

安全管理是确保托育机构正常运行的基础，包括儿童安全、环境卫生、食品安全等方面的管理，确保从业人员和婴幼儿的身心健康和安全。

4. 托育机构资源管理

资源管理工作能够确保托育机构财、物的高效合理配置，包括物资采购、设备维护、财务管理等，确保托育机构的正常运转和发展。

5. 家园合作管理

托育机构要想做好保教工作并实现良性发展，需要积极与婴幼儿家长和所在社区密切配合，得到要家长和社区的理解和支持。同时，托育机构也要做好对家长、社区的服务工作。因此，充分利用婴幼儿家长资源和社区资源，建立较稳定的共建机制，是托育机构管理的重要内容。

6. 信息管理

信息管理是指对托育机构所有工作的数据化统计及分析，有助于园区管理效率和服务质量的提升，包括电子档案管理、信息化技术应用等，提高服务记录和数据分析的效率和准确性。

知识点拨

托育机构管理的基本原则

托育机构管理原则是托育机构组织活动的一般规律的体现，是在托育机构管理活动中为达到组织的基本目标而在处理人、财、物、信息等管理基本要素及其相互关系时所遵循和依据的准绳，是对托育机构管理的基本要求。

托育机构管理原则是以客观事实为依据并在管理实践中逐步产生和发展起来的，同时也是对托育机构管理活动的科学抽象，是对托育机构管理规律的总结和概括。确定托育机构管理原则要以正确的管理价值观为指导，密切联系托育机构管理工作的实际，遵循婴幼儿托育服务理论与管理学的基本规律。

一、方向性原则

托育机构的管理工作必须坚持正确的思想方向，即坚持共产党的领导和社会主义办托育方向的原则。大力发展普及托育服务工作是全国人口结构优化政策的重要组成部分，托育机构中党的基层组织要切实起到保证监督各项工作顺利进行的作用。坚持社会主义办托育方向，树立正确的育儿观，从起点关注未来人才的身心健康发展。

二、儿童优先的原则

国家卫生健康委颁布的《托育机构管理规范（试行）》的总则中强调：坚持儿童优先的原则，尊重婴幼儿成长的特点和规律，最大限度地保护婴幼儿，确保婴幼儿的安全和健康。因此，托育机构的组织与管理要充分尊重幼儿的成长规律，提供适宜的教育，落实安全管理主体责任，注重婴幼儿的健康管理，为他们的全面发展提供支持。

三、医、保、教结合原则

2018年，世界卫生组织（WHO）等国际组织联合发布养育照护促进儿童早期发展框架（nurturing care framework，NCF），将养育照护定义为"一个由照护者创造的环境，旨在确保儿童身体健康，饮食营养，保护他们免受威胁，并通过互动给予情感上的支持和响应，为他们提供早期学习的机会"，明确了"健康、营养、安全、回应性照护和早期学习机会"为核心内容的养育照护策略。这就要求托育机构要医、保、教三者并重，才能提供优质的托育服务，使托育服务更好地生存与发展。"医"是指重视婴幼儿的生长发育，心理健康、疾病识别与预防、安全防护与急救，是保障；"保"是指重视婴幼儿的日常照护、饮食营养、情感上的支持和响应，是基础；"教"是托育园的教育，是指按照婴幼儿的学习与发展规律，有目的、有计划、有系统地影响婴幼儿身心发展的活动，是必要的提升。托育机构管理要将医、保、教三项工作有机结合起来，不可偏废。

四、民主管理原则

现代管理学认为，人是管理的核心，管理应当以人为本。民主管理原则是指在托育机构管理中，要处理好完成工作目标和以人为本的关系，处理好管理者与管理对象的关系，调动全体员工的积极性，汇集集体智慧，发挥管理的激励机制，以较好地实现托育机构管理的任务目标。优秀托育机构的管理工作要有民主管理的意识，善于深入员工中调查研究，听取意见和心声，及时发现隐患和问题进行处理；实行园务公开制度，尊重员工对托育园工作的知情权，重视工会等组织在托育机构在民主管理中的作用，集中正确意见，实现科学决策，提高管理效果。

五、整体性原则

托育机构组织与管理是一个系统工程，需要协调托育机构各个部门共同完成。因此，管理者在实践中应当遵循整体性原则，围绕医、保、教中心工作，树立全局观念，明确托幼机构管理的总体目标，统筹兼顾各方面资源与目标，协调各部门、各环节的行动，以保障托育园正常高效地运行。

六、效益性原则

管理的目的是提高效益，充分发挥管理的生产力职能，以更小的投入创造更好的经济效益和社会效益。托育机构管理的效益性原则是指托育机构管理要在正确的目标指导下，根据托育机构各要素的具体情况，整合园所人力、物力、财力等资源，充分挖掘潜力，高质量、高效益地完成托育机构的各项工作任务。托育机构要树立正确的效益观，不能一味追求经济利益，应当注重通过科学、规范的管理，实现社会效益与经济效益的统一。

七、家园、家社合作原则

托育机构是社会系统的组成部分，其生存与发展受社会外界各方面因素的制约。托育机构管理要注重与社会和家庭的联系，强化服务意识，充分利用自身有利条件，关注社会发展，了解家庭及社会需求，切实做好家园合作，家社合作，三方联动，不断提高托育服务质量和管理水平，促进托育机构健康、良性的发展。

八、动态性原则

托育行业属于新兴行业，面临着许多新的问题，相关的政策和托育机构本身时刻处于动态发展之中。托育机构管理要根据相关政策、社会环境、管理条件、活动要素的变化，动态调整管理决策，优化管理手段，不断提高保教工作的质量和管理工作水平。

托育机构管理的基本原则是相互联系、不可分制的整体，管理者在实践中要根据具体问题灵活运用。

任务实操 1-3-1

1. 请绘制托育机构组织与管理主要任务的思维导图。

任务实操 1-3-2

小组讨论完成表 1-4,托育机构管理需要坚持哪些原则,为什么?

表 1-4　托育机构管理原则

托育机构管理原则	原　　因

巩固提升

根据戴明环绘制学习和提高本课程学习质量的策略。

拓展资源

1. 扫码学习。

扫码学习 1.1　国家卫生健康委关于印发托育机构设置标准(试行)和托育机构管理规范(试行)的通知

扫码学习 1.2　国务院办公厅关于促进 3 岁以下婴幼儿照护服务发展的指导意见

2. 经典推介。

书籍:彼得·德鲁克《德鲁克管理经典》
　　　朱国林《统筹学》
　　　戴尔·卡耐基《人性的弱点》

影视作品:2004 年,张以庆导演纪录片《幼儿园》
　　　　　1979 年,谢晋导演电影《啊!摇篮》

考核评价

班级_____ 组别_____ 姓名_____ 学号_____ 日期_____ 评价项目_____

评价阶段	评价内容	分值	佐证材料	学生自评	小组互评	教师评价	平台数据
课前自学	"在线课堂"完成度	5	平台完成度数据				
	自学自测	10	是否完成测试题				
课中实训	任务实操1-1-1完成情况	10	实操任务完成情况				
	任务实操1-1-2完成情况	10	实操任务完成情况				
	任务实操1-2-1完成情况	10	实操任务完成情况				
	任务实操1-2-2完成情况	10	实操任务完成情况				
	任务实操1-3-1完成情况	10	实操任务完成情况				
	任务实操1-3-2完成情况	10	实操任务完成情况				
	关注托育专业和行业领域的相关政策	5	是否能深入社会实践、关注托育专业和行业领域的国家战略、法律法规和相关政策				
	初步形成科学管理的理念	5	是否能理论联系实际理解管理学的概念				
课后提升	课后练习	10	课后练习完成度				
	拓展资源完成度	5	平台完成度数据				
	总分		教师签名				
	项目得分						

评价说明：在本项目完成之后，由任课老师主导，采用过程性评价与结果评价相结合，综合运用自我评价、小组评价和教师评价三种方式，由教师确定三种评价方式分别占总成绩的权重，计算出学生在本项目的考核评价得分。（平台数据完成的打√；未完成的打×）

项目二
托育机构设置与环境建设

项目概述

　　加强托育机构专业化、规范化建设，是促进托育行业健康发展的重要保障。托育机构设置与环境建设要求托育从业人员掌握这些规范标准：国务院办公厅、国家卫健委等国家各省市行政部门出台的托育机构相关法律法规；掌握托育机构申请与备案应提供的各项材料及流程；掌握托育机构的设置要求、场地设施要求（包括选址与规划布局）、人员配置（包括各类工作人员任职要求及职责、托育机构的班型设置及师生比）；了解各类托育用房的要求；掌握乳儿班、托小班、托大班各功能活动区及使用面积；了解托育机构的室内装修和设施要求。托育工作者只有掌握托育机构申请、设置的各项要求，才能科学规范地开展托育工作。

　　本项目重点学习托育机构申请与备案的规范流程、托育机构的场地设施人员规模要求与托育机构的环境建设。

学习目标

素质目标
1. 遵从法律法规，依法依规设置托育机构，并树立严谨细致的学习态度。
2. 具有探索、实践意识，根据所学解释、指导实践。

知识目标
1. 了解国家出台的托育相关法律法规。
2. 掌握托育机构申请的流程与备案材料。
3. 掌握托育机构的设置方式、人员配置。
4. 掌握托育机构的场地设施与建设项目的要求。

能力目标
1. 能够按照相关法律法规进行托育机构的申请与备案。
2. 能够依据相关法律法规科学合理地设置托育机构。
3. 能够依据相关法律法规构建托育机构的环境。

案例导入

新闻一则：北京市发出首张托育机构营业执照，经营范围增加"托育服务"

近日，妙树托育中心获得营业证书。据了解，这是北京市首家在市场监督管理局核准登记的3岁以下婴幼儿照护服务机构（托育服务机构）。记者了解到，北京市首家核准登记的托育服务机构营业证书有着重要的意义，标志着首都（北京市）托育服务市场正规化发展之路正式拉开帷幕。根据北京市市场监督管理局意见，此牌照中托育服务（不含幼儿园、托儿所），属于经国务院决定由前置审批调整为后置审批的事项，托育实体机构还需要在卫生健康委备案完成后，才属于卫生健康部门官方承认的托育服务机构。如果不按照程序办理擅自开展经营项目，有关部门将依法查处，处罚结果会在北京市企业信用信息公示系统等网站向社会公示。

据悉，首张托育服务营业证书的发放，也意味着北京市相关部门未来将出台一系列针对托育机构的管理办法，包括用地标准、队伍保障等一系列相关规定，来规范引导托育服务业市场化工作的开展。实施意见还指出，北京市将通过政策支持、用地保障、资金保障、队伍保障四项措施保障北京市托育机构健康持续发展。

（来源：节选自北京市发出首张托育机构营业执照，经营范围增加"托育服务"人民网，2020年3月2日。）

课前自学

阅读卡片

关于托育机构申请、备案、设置的国家指导文件

（1）国务院办公厅《关于促进3岁以下婴幼儿照护服务发展的指导意见》（国办发〔2019〕15号）

（2）国家卫生健康委办公厅、中央编办综合局、民政部办公厅和市场监管总局办公厅《关于印发托育机构登记和备案办法（试行）的通知》（国卫办人口发〔2019〕25号）

（3）国家卫生健康委关于印发《托育机构设置标准（试行）》和《托育机构管理规范（试行）的通知》（国卫人口发〔2019〕58号）

扫码学习2.1　国务院办公厅《关于促进3岁以下婴幼儿照护服务发展的指导意见》（国办发〔2019〕15号）

扫码学习2.2《关于印发托育机构登记和备案办法（试行）的通知》（国卫办人口发〔2019〕25号）

扫码学习2.3《托育机构设置标准（试行）》和《托育机构管理规范（试行）的通知》（国卫人口发〔2019〕58号）

项目二 托育机构设置与环境建设

扫码学习 2.4.1 国家卫生健康委《托育机构设置标准（试行）》动画解读

扫码学习 2.4.2 国家卫生健康委《托育机构管理规范（试行）》动画解读

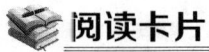

托育机构备案信息系统

国家托育机构备案信息系统分为 PC 端与 App 端。

（1）在 PC 端登录国家"托育机构备案信息系统"（https://ty.padis.net.cn）进行"机构注册"，注册成功后，返回登录页面，输入用户名和密码、验证码，根据系统提示在线填写托育机构备案书、备案承诺书，并提交相关材料扫描件。

（2）手机 App 下载"托育机构备案信息系统"软件（手机浏览器搜索或在正规安全环境下扫码安装），点击"注册"进入托育机构注册页面，填写信息依据系统提示进行操作。

扫码学习 2.5 托育机构备案信息系统使用方法

托育机构备案信息系统备案的六种状态

依据托育机构备案情况的不同，备案状态分为"已注册""上传中""待审核""审核中""已通过""待完善"六种。

（1）"已注册"：托育机构注册完成，暂未开始备案申请。

（2）"上传中"：托育机构开始备案申请，未进行备案申请提交。

（3）"待审核"：托育机构已提交备案申请，卫生健康行政部门工作人员暂未审核时的状态，此状态可以进行备案申请内容的修改操作。

（4）"审核中"：卫生健康行政部门工作人员开始执行备案申请审核过程的状态称为"审核中"，此状态不可以进行备案申请修改。

（5）"已通过"：托育机构备案申请通过审核时的状态称为"已通过"，此状态可领取备案回执与告知书。

（6）"待完善"：托育机构备案申请审核未通过时的状态称为"待完善"，此状态的备案申请托育机构可根据卫生健康行政部门工作人员的审核意见修改备案申请信息并重新提交。

托育机构创办者有哪些要求

1. 创办者为个人

（1）具有中国国籍。

（2）拥有政治权利。政治权利是指公民依法享有的参与国家政治生活的权利。主要指选举权、被选举权，参加管理国家，担任公职和享受荣誉称号等权利。我国宪法规定，凡年满18周岁的公民，除依法被剥夺政治权利者外，都有选举权和被选举权。

（3）拥有完全民事行为能力。完全民事行为能力是指公民能够通过自己的独立行为进行任何民事活动。年满18周岁且精神健康的公民是完全民事行为能力人。考虑到我国九年义务教育制度的现状，年满16周岁不满18周岁的公民，若以自己的劳动收入作为主要生活来源的，也视为完全民事行为能力人。

2. 创办者为非个人

（1）创办者为事业单位。事业单位创办托育机构应向上级主管单位申请批准。

（2）创办者为社会组织。应具备独立法人资格。独立法人资格是指具有民事权利能力和民事行为能力，依法独立享有民事权利和承担民事义务的组织。

（3）创办者为企业。需要具备独立的法人资格。不具有独立法人资格的分公司、企业办事处等不能作为托育机构的创办者；欲创办托育机构的企业性质是国家或者国有控股的，应该首先向对其国有资产负有监管职责的机构进行备案。

阅读卡片

托育机构的类型

根据申请托育机构主体资格性质的不同，可以分为营利性托育机构和非营利性托育机构。

一、营利性托育机构

营利性托育机构一般为民营企业和个体经营，是指以营利为目的，追求投资回报，且自主决定收入使用方式，收入可自主分配，但较少享受国家税收福利政策。例如，营利性托育中心只可申请《新建和改扩建的托育项目补贴》一项补贴，申报成功后按照中央预算内投资按每个新增托位给予1万元的补助，补贴为一次性且仅为首次申请，只有一次补贴机会。而非营利性托育机构可申请《新建和改扩建的托育项目补贴》和《普惠托育项目补贴》两项补贴，并可每年申请，一年两次补贴。

二、非营利性托育机构

非营利性托育机构一般为事业单位和社会服务性质的托育机构，是指以促进社会公益事业为宗旨，不追求投资回报，且收入只能用于自身发展无法用于分配，但可享受国家一定的福利政策。

阅读卡片

托育服务的多样化

根据2019年国务院办公厅《关于促进3岁以下婴幼儿照护服务发展的指导意见》（国办发〔2019〕15号）各类婴幼儿照护服务机构可根据家庭的实际需求，提供全日托、半日托、计时托、临时托等多样化的婴幼儿照护服务；随着经济社会发展和人民消费水平提升，提供多层次的婴幼儿照护服务。

托位数的规划

根据党的十九届五中全会和《中华人民共和国国民经济和社会发展第十四个五年规划和2035年远景目标纲要》，要求"每千人口拥有3岁以下婴幼儿托位数（个）"达到4.5个。

《广东省国民经济和社会发展第十四个五年规划和2035年远景目标纲要》明确提出，要加快发展普惠托育服务体系，到2025年每千人口拥有3岁以下婴幼儿托位数不少于5.5个，全省每个县（市、区）至少建成一家以上具有带动效应、可承担一定指导功能的示范性婴幼儿照护服务机构，托幼一体园所在公办幼儿园总量中占比不低于50%。

《托育机构卫生评价基本标准（试行）》

为贯彻落实国务院办公厅《关于促进3岁以下婴幼儿照护服务发展的指导意见》，促进托育机构规范发展，满足人民群众对婴幼儿照护服务的需求，保障婴幼儿健康，国家卫生健康委员会办公厅2022年8月印发通知，要求做好托育机构的卫生评价工作。

通知明确了托育机构备案相关卫生评价的基本要求。以保障婴幼儿健康为出发点，制定了《托育机构卫生评价基本标准（试行）》，从环境卫生、设施设备、人员配备、卫生保健制度四个方面提出了需要获得冬季日照的婴幼儿生活用房窗洞开口面积不应小于该房间面积的20%等14条基本要求。根据通知，托育机构向所在地县级卫生健康部门备案时，应当满足基本标准各项要求。

阅读卡片

《托育机构消防安全指南（试行）》

2022年1月国家卫生健康委、应急管理部组织印发的《托育机构消防安全指南（试行）》，主要包含六部分内容：消防安全基本条件、消防安全管理、用火用电用气安全管理、易燃可燃物安全管理、安全疏散管理、应急处置管理。

其中特别需要注意的是以下几点。

（1）托育机构不得设置在四层及四层以上、地下或半地下。

（2）托育机构应安装24小时可视监控设备或可视监控系统，图像应能在值班室、所在建筑消防控制室等场所实时显示，视频图像信息保存期限不应少于30天。

（3）托育机构不得使用蜡烛、蚊香、火炉等明火，禁止吸烟。

（4）托育机构不得大量采用易燃可燃物挂件、塑料仿真树木、海洋球、氢气球等各类装饰造型物。

扫码学习2.6 《托育机构消防安全指南（试行）》

扫码学习2.7 《托育机构消防安全指南（试行）》解读

 ## 课前自测

一、填空题

1. 填写表 2-1 托育机构创办者要求和表 2-2 托育机构的分类。

表 2-1 托育机构创办者要求

举办主体		具体要求
个人		
非个人		

表 2-2 托育机构的分类

类别	设立目的	收入分配方式	税收政策

2. 各类婴幼儿照护服务机构可根据家庭的实际需求，提供_____、_____、_____和_____等多样化的婴幼儿照护服务。

3. 依据托育机构备案情况的不同，备案状态分为_____、_____、_____、_____、_____和_____6 种。

4.《托育机构卫生评价基本标准（试行）》规定，从_____、_____、_____、_____ 4 个方面提出了 14 条基本要求。

二、判断题

1. 托育机构备案信息系统只能通过计算机（PC 端）进行操作。　　　　（　　）

2. 为了拓展婴幼儿活动空间，托育机构可以设置在地下一层。托育机构备案申请通过审核时的状态称为"已通过"，此状态可领取备案回执与告知书。（　　）

3. 根据《中华人民共和国国民经济和社会发展第十四个五年规划和 2035 年远景目标纲要》到"十四五"末期，每千人口拥有 3 岁以下婴幼儿托位数达到 5.5 个。　　　　　　　　　　　　　　　　　　　　　　　　（　　）

项目二课前自测答案

实训目标

1. 能够了解国家出台的托育相关法律法规。
2. 能够掌握托育机构的申请流程及所需备案材料。

3. 能够掌握托育机构设置的方式、规模班型和人员配置。
4. 能够掌握托育机构的场地设施要求、建设项目、室内装修要求。
5. 培养严谨的法律意识和条理细致的学习态度。
6. 培养探索、实践意识,根据所学理论解释实践、指导实践。

实训条件

项目二课中实训实施条件如表 2-3 所示。

表 2-3　项目二课中实训实施条件

名　称	实　施　条　件	要　　　求
实训环境	理实一体化教室	校园网无线 Wi-Fi,可在线观看线上资源
物品准备	① 签字笔; ② 记录本(活页); ③ 手机或平板电脑等录音录像设备; ④ 投影仪或一体机	案例材料充足,满足学生需求
知识准备	① 初步了解关于托育机构申请备案设置的国家指导文件; ② 初步理解国家托育机构备案信息系统的使用; ③ 初步具备一定的法律法规意识	浏览理解相关文件、知识点

实训步骤

1. 列表明确不同类型托育机构申请登记的主管部门。
2. 分组讨论托育机构在国家托育机构备案信息系统内的操作流程及提交材料。
3. 学习并思考托育机构设置的方式、班型规模及人员配置。
4. 运用所学模拟托育机构环境建设的选址与规划。

任务一　掌握托育机构的申请与备案

情境导入

在项目二的案例导入中,北京市对"妙树托育中心"发出了首张托育机构的营业执照,该托育机构拿到营业执照后,下一步该怎样做呢?

任务提示

1. 不同类型的托育机构在申请登记时有何区别?
2. 托育机构的备案流程及提交材料是什么?

知识点拨

不同类型托育机构的申请登记

依据卫生健康委、中央编办、民政部、市场监管总局出台的《托育机构登记和备案办法（试行）》（国卫办人口发〔2019〕25号），不同类型的托育机构需向不同部门进行申请登记。

（1）举办事业单位性质的托育机构的，向县级以上机构编制部门申请审批和登记。

（2）举办社会服务机构性质的托育机构的，向县级以上民政部门申请注册登记。

（3）举办营利性托育机构的，向县级以上市场监督管理部门申请注册登记。

任务实操 2-1-1

列表比较不同类型托育机构的申请登记部门（见表2-4）。

表 2-4　不同类型托育机构的申请登记部门

托育机构性质	申请登记部门

知识点拨

托育机构的备案流程及所需材料

依据卫生健康委、中央编办、民政部、市场监管总局出台的《托育机构登记和备案办法（试行）》（国卫办人口发〔2019〕25号），国家卫生健康委印发的《托育机构设置标准（试行）和托育机构管理规范（试行）》（国卫人口发〔2019〕58号）托育机构的备案流程如下。

微课：托育机构备案流程及材料

1. 明确目标，了解政策

托育机构应当及时向机构所在地的县级卫生健康部门备案。

2. 登录系统，提交材料

登录托育机构备案信息系统，在线填写托育机构备案书、备案承诺书，并提交以下材料扫描件。

（1）营业执照或其他法人登记证书；

（2）托育机构场地证明；

（3）托育机构工作人员专业资格证明及健康合格证明；

（4）评价为"合格"的《托幼机构卫生评价报告》；

（5）消防安全检查合格证明；

（6）法律法规规定的其他相关材料。

（7）提供餐饮服务的，应当提交《食品经营许可证》。

（8）填写备案书（图 2-1）和承诺书（图 2-2）。

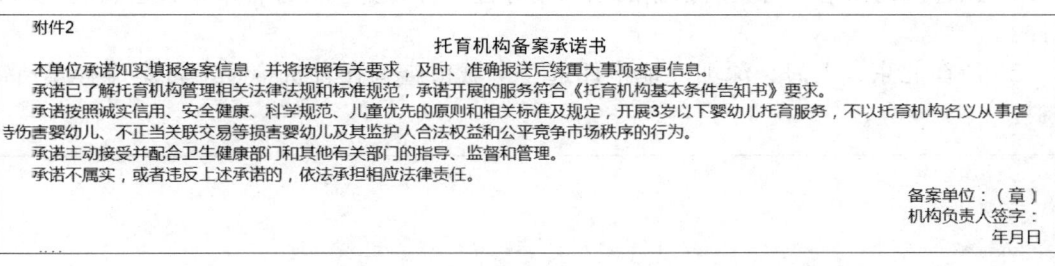

托育机构备案书

________卫生健康委（局）：

经________（登记机关名称）批准，________(托育机构名称)已于____年____月____日依法登记成立，现向你委（局）进行备案。本机构备案信息如下：

机构名称：
机构住所：
登记机关：
统一社会信用代码：
机构负责人姓名：
机构负责人身份证件号码：
机构性质：□营利性£非营利性
服务范围：□全日托£半日托£计时托□临时托
服务场所性质：□自有£租赁
机构建筑面积：
室内使用面积：
室外活动场地面积：
收托规模：人
编班类型：□乳儿班£托小班£托大班£混合编班
联系人：
联系方式：
请予以备案。

备案单位：（章）
年 月 日

图 2-1 托育机构备案书

附件2

托育机构备案承诺书

本单位承诺如实填报备案信息，并将按照有关要求，及时、准确报送后续重大事项变更信息。

承诺已了解托育机构管理相关法律法规和标准规范，承诺开展的服务符合《托育机构基本条件告知书》要求。

承诺按照诚实信用、安全健康、科学规范、儿童优先的原则和相关标准及规定，开展3岁以下婴幼儿托育服务，不以托育机构名义从事虐待伤害婴幼儿、不正当关联交易等损害婴幼儿及其监护人合法权益和公平竞争市场秩序的行为。

承诺主动接受并配合卫生健康部门和其他有关部门的指导、监督和管理。

承诺不属实，或者违反上述承诺的，依法承担相应法律责任。

备案单位：（章）
机构负责人签字：
年月日

图 2-2 托育机构备案承诺书

3. 等待审核，查看文件

卫生健康部门在收到托育机构备案材料后，应当在 5 个工作日内提供备案回执（图 2-3）和托育机构基本条件告知书（见图 2-4）。

等待审核时要注意以下几点。

（1）卫生健康部门发现托育机构备案内容不符合设置标准和管理规范的，应当自接收备案材料之日起 15 个工作日内通知备案机构，说明理由并向社会公开。

（2）托育机构的变更与取消也应履行相应手续。

（3）托育机构变更备案事项的，应当向原备案部门办理变更备案。

（4）托育机构终止服务的，应当妥善安置收托的婴幼儿和工作人员，并办理备案注销手续。

（5）卫生健康部门应当将托育服务有关政策规定、托育机构备案要求、托育机构有关信息在官方网站公开，接受社会查询和监督。

附件3

托育机构备案回执

编号：_____

____年____月____日报我委（局）的《托育机构备案书》收到并已备案。

备案项目如下：
机构名称：
机构住所：
机构性质：
机构负责人姓名：

_____卫生健康委（局）（章）

年月日

图 2-3　托育机构备案回执

附件4

托育机构基本条件告知书

托育机构应当依照相关法律法规和标准规范开展服务活动，并符合下列基本条件：

一、应当符合《中华人民共和国未成年人保护法》《中华人民共和国建筑法》《中华人民共和国消防法》《托儿所幼儿园卫生保健管理办法》等法律法规，以及《托儿所、幼儿园建筑设计规范》《建筑设计防火规范》等国家标准或者行业标准。

二、应当符合《托育机构设置标准（试行）》《托育机构管理规范（试行）》等要求。

三、提供餐饮服务的，应当符合《中华人民共和国食品安全法》等法律法规，以及相应的食品安全标准。

四、法律法规规定的其他条件。

附件.关于印发托育机构登记和备案办法（试行）的通知.pdf

图 2-4　托育机构基本条件告知书

任务实操 2-1-2

搜集资料，小组讨论下列问题。

1. 托育机构申请与备案所依据的国家指导性文件有哪些？各省市是否也制定了相关文件？

2. 请在北京、上海、深圳三地中任选一个城市查询托育机构登记备案流程及所需材料。

任务二　了解托育机构的设置

情境导入

假设项目二案例导入中的妙树托育中心通过了国家托育机构备案信息系统的审核。那么顺利备案后，下一步工作又该如何开展呢？例如，该开设哪些班型，招聘何种专业工作人员？

任务提示

1. 托育机构的设置方式有哪些？
2. 如何确定托育机构的规模与班型？
3. 托育机构的人员配置有哪些要求？

知识点拨

托育机构设置的方式

依据国家卫生健康委印发的《托育机构设置标准（试行）和托育机构管理规范（试行）》(国卫人口发〔2019〕58号)等文件托育机构可参照的设置形式如下。

支持用人单位以单独或联合其他单位共同举办的方式，在工作场所为职工提供福利性托育服务，有条件的可向附近居民开放。

鼓励通过市场化方式，采取公办民营、民办公助等多种形式，在就业人群密集的产业聚集区域和用人单位建设完善托育机构。

"公办民营"是指各级政府和公有制单位已经办成的公有制性质的机构，按照市场经济发展的要求进行改制、改组和创新，与政府的行政管理部门脱钩，交给民间组织或社会力量管理和运作，政府部门不再插手。例如成都某社区党群中心为托育机构免去水电物业费，分摊部分装修成本，托育机构实现"拎包入驻"，极大减轻了托育机构的房租成本、装修成本等。

"民办公助"是指社会机构或组织兴办的社会事业方式，由国家或政府部门给予一定的资金和政策扶持等条件，以民间力量为主体来兴办各种社会事业（以学校、医院和企业为主）。

"公办民营"与"民办公助"均属于普惠性托育服务，可满足普通收入家庭的需求。

此外，除单纯的托育机构，还有托幼一体化。"托幼一体化"是指统整托幼资源，将0~6岁婴幼儿的教育与保育相互衔接，进而实现婴儿与幼儿教育的有效融合。例如，有条件的公办园和新建园开设托班，鼓励民办园开设普惠性托班。这样，依托幼儿园硬件设施、师资力量和较为成熟的课程等，既能降低办托成本，又能保障托育服务质量。同时，"托幼一体化"也有利于减轻家长在儿童入托后再次择园的压力。

任务实操 2-2-1

搜集资料，小组讨论，目前托育行业中哪种形式设置的托育机构占比最多？请选择某一托育机构举例说明。

知识点拨

托育机构规模及班型设置

根据国家卫生健康委规划司发布的《托育机构建设标准》(征求意见稿)：

托育机构根据服务内容和规模构成，可分为30托位及以下、31~60托位、61~90托位、91~150托位的托育机构。

托育机构可设置乳儿班、托小班、托大班三种班型，具体分类和要求见表2-5。

表2-5 托育机构班型设置

班　型	年龄段	人数要求
乳儿班	6~12个月	10人以下
托小班	13~24个月	15人以下
托大班	25~36个月	20人以下

注：18个月以上的婴幼儿可混合编班，每个班不宜超过18人。

任务实操 2-2-2

搜集资料，小组讨论，为什么托育机构最大规模只能设置150托位？

知识点拨

托育机构设置的人员配置

依据国家卫生健康委印发的《托育机构设置标准（试行）和托育机构管理规范（试行）》（国卫人口发〔2019〕58号）等文件要求，托育机构的人员配置如下。

微课：托育机构人员配置

1. 配置类型

（1）托育机构应当根据场地条件合理确定收托婴幼儿规模，并配置综合管理、保育照护、卫生保健、安全保卫等工作人员。

（2）托育机构负责人负责全面工作，应当具有大专以上学历、有从事儿童保育教育、卫生健康等相关管理工作3年以上的经历，且经托育机构负责人岗位培训合格。

（3）保育人员主要负责婴幼儿日常生活照料，安排游戏活动，促进婴幼儿身心健康，养成良好行为习惯。保育人员应当具有婴幼儿照护经验或相关专业背景，受过婴幼儿保育相关培训和心理健康知识培训。

（4）保健人员应当经过妇幼保健机构组织的卫生保健专业知识培训合格。

（5）保安人员应当取得公安机关颁发的《保安员证》，并由获得公安机关《保安服务许可证》的保安公司派驻。

2. 配置数量

（1）合理配备保育人员，保育员与婴幼儿的比例应当不低于以下标准：乳儿班1∶3，托小班1∶5，托大班1∶7。

（2）按照有关托儿所卫生保健规定配备保健人员、炊事人员。

（3）独立设置的托育机构应当至少有1名保安人员在岗。

任务实操 2-2-3

搜集资料，小组讨论，如果设置一所规模为30托位以下的托育机构，至少需要几名工作人员？

项目二 托育机构设置与环境建设

任务三 掌握托育机构的环境建设

情境导入

假如你是项目二案例导入中妙树托育中心的负责人,你该如何选址、装修呢?

任务提示

1. 托育机构建设的项目有哪些?
2. 托育机构的选址与规划布局要满足哪些条件?
3. 托育机构室内装修和设施有哪些规定?

知识点拨

托育机构的场地设施要求

根据国家卫生健康委规划司发布的《托育机构建设标准》(征求意见稿),国家卫生健康委印发的《托育机构设置标准(试行)和托育机构管理规范(试行)》(国卫人口发〔2019〕58号),托育机构的场地设施包括选址与规划布局具体要求如下。

微课:托育机构场地设施要求

托育机构的选址应符合婴幼儿照护服务体系建设要求,结合人口密度、人口增长、婴幼儿照护服务需求、交通、环境等因素综合考虑,合理布点,保障安全。

托育机构应当有自有场地或租赁期不少于3年的场地。

新建独立的托育机构建筑宜为低层或多层建筑。当托育机构与其他建筑合建时,宜设置在首层或二层部分。婴幼儿活动用房应布置在首层或二层,不应设在地下室、半地下室。且不得设置在四层以上。

1. 托育机构的选址规定

(1)交通便利、环境安静、良好的自然通风和采光条件、远离对婴幼儿成长有危害的建筑、设施及污染源,符合卫生和环保要求。

(2)具有较好的工程地质条件和水文地质条件。

(3)市政基础设施完善。

(4)托育机构宜设置在居住区内相对中心区域,可独立设置或结合公共服务设施等设置,宜设置独立出入口。

2. 托育机构的规划布局要求

(1)功能分区明确、方便管理、节约用地。

(2)宜有良好朝向。

(3)宜设置室外活动场地,面积宜为2平方米/托位及以上,室外活动场地宜具有良好的日照和通风条件,并应设置安全防护设施。

(4)新建托育机构主入口不应直接设在城市主干道或过境公路干道一侧。托育机构主

入口应设置人流缓冲区和安全警示标志,园区周围应设置安全防护措施。

(5)托育机构绿化用地、停车用地宜符合当地有关规定。绿化用地面积宜为1.5~3平方米/托位,严禁种植有毒、有刺、有飞絮、病虫害多、有刺激性的植物。

(6)新建独立托育机构建筑密度不宜超过40%。

"建筑密度"是指在一定范围内建筑物的基底面积总和与占用地面积的比例(%)。

任务实操 2-3-1

搜集资料,小组讨论,在所居住地区选择一处适宜开办托育机构的位置填入表2-6中,并阐述理由。

表 2-6 托育机构的选址与规划布局

所选位置（可画图表示）	
阐述理由	

知识点拨

托育机构的建设项目

根据国家卫生健康委规划司发布的《托育机构建设标准》(征求意见稿)和国家卫生健康委印发的《托育机构设置标准(试行)》(国卫人口发〔2019〕58号)要求,托育机构建设项目由场地、房屋建筑和建筑设备组成。

1. 场地

场地主要包括建筑占地、道路、室外活动场地、绿地等。且托育机构应当有自有场地或租赁期不少于3年的场地。

2. 房屋建筑

房屋建筑主要包括婴幼儿活动用房、服务管理用房、附属用房和其他用房等。

(1)婴幼儿活动用房包括但不限于班级活动单元和综合活动室;班级活动单元包括睡眠区、活动区、配餐区、清洁区、卫生间、储藏区等。

(2)服务管理用房包括但不限于晨检接待厅、保健观察室、隔离室、哺乳室、警卫室、办公室、财务室、会议室、储藏室等。

(3)附属用房包括但不限于设备机房、开水间、餐食准备区、卫生间、清洁间、车库等。

(4)其他用房包括但不限于开展人员培训、婴幼儿早期发展培训、家庭养育指导等服务相应的用房。

3. 建筑设备

建筑设备主要包括暖通空调设备、给水排水设备、电气设备、通信设备、智能化设备、电梯、安防消防设备等。

任务实操 2-3-2

搜集资料,小组讨论,明确在不同托位规模下不同建设项目的面积指标,填入表2-7中。

表 2-7 托育机构每托位平均建筑面积指标　　　　单位:平方米/托位

建设项目	托位规模			
	30托位及以下	31~60托位	61~90托位	91~150托位
婴幼儿活动用房				
服务管理用房				
附属用房				
每托位面积指标				

注:托育机构位于寒冷地区的,建筑面积可增加4%;位于严寒地区的,建筑面积可增加6%。

知识点拨

托育机构的设施和室内装修的规定

根据国家卫生健康委规划司发布的《托育机构设置标准（试行）》(国卫人口发〔2019〕58号)要求，托育机构的设施和室内装修规定如下。

（1）托育机构的房屋装修、设施设备、装饰材料等应当符合国家相关安全质量标准和环保标准，并定期进行检查维护。

（2）托育机构应当配备符合婴幼儿月龄特点的家具、用具、玩具、图书和游戏材料等，并符合国家相关安全质量标准和环保标准。

（3）托育机构应当设有室外活动场地，配备适宜的游戏设施，且有相应的安全防护设施。在保障安全的前提下，可利用附近的公共场地和设施。

（4）托育机构应当设置符合标准要求的安全防护设施设备。

根据国家卫生健康委规划司发布的《托育机构建设标准》(征求意见稿)，托育机构的设施和室内装修规定如下。

（1）每个婴幼儿应有一张床位，不应设双层床，床侧不宜紧靠外墙布置；睡眠和活动区合并设置的，应设置床位的收纳空间。

（2）托育机构的室内房间高度和走廊宽度应符合婴幼儿活动和照护的要求，楼梯扶手、栏杆、踏步高度和宽度应满足婴幼儿使用、保护婴幼儿安全的要求。

（3）入口晨检接待厅应宽敞明亮，有利于人流集散通行，宜设置家属等候区、婴儿车存放区。

（4）托育机构的婴幼儿活动区域宜采用柔性、易清洁的楼地面材料；有水房间地面应采用防滑材料；墙面宜选用环保、耐久、易清洁和美观的材料；宜选用吸声降噪材料，并适合婴幼儿心理特点的色彩；内墙阳角、柱子及窗台宜做成小圆角；家具宜适合婴幼儿尺度、防蹬踏，边缘宜做成小圆角。

（5）婴幼儿活动区域宜设双扇平开门，不应设置弹簧门、推拉门、旋转门，不宜设置门槛，宜设置门扇固定装置。门应设置观察窗，采用安全玻璃。

（6）婴幼儿活动用房窗台距楼地面不宜高于0.6米，当窗台面距楼地面高度低于0.9米时，应采取防护措施，防护高度应从可踏部位顶面起算，不应低于0.9米。

（7）婴幼儿卫生间宜临近活动区或睡眠区设置，宜分间或分隔设置；卫生间不宜设置台阶，宜设婴儿护理台和婴儿冲洗设施；托小班和托大班宜设适合幼儿使用的卫生器具，每班宜设2~4个大便器、2~3个小便器、3~5个适合幼儿使用的洗手池或盥洗台水龙头，便器之间宜设隔断；可结合使用需求设置成人卫生间。

（8）母婴室宜临近婴幼儿生活空间，宜设尿布台、洗手池等设施。

（9）隔离室宜设置独立卫生间，具有良好通风。

（10）餐食准备区宜相对独立，与婴幼儿活动用房宜有一定距离。

（11）托育机构场地内设汽车库（场）时应与婴幼儿活动场地分开，并应符合现行国家及行业标准的规定。

任务实操 2-3-3

根据所学,小组讨论,梳理归纳托育机构的设施和室内装修的要求。

巩固提升

查阅书籍《婴幼儿托育机构设置标准的国际经验与启示》(北京师范大学出版社，洪秀敏著)，了解美国独立式托育机构设置标准，填入表 2-8 中。

表 2-8 美国独立式托育机构设置标准

项目	内容
举办资格	
人员配备	
建筑设计	
安全防护	
卫生保健	

 拓展资源

扫码学习 2.8　托育机构健康管理员

扫码学习 2.9　济南"泉心托"家庭托育

✦ 考核评价

班级_____ 组别_____ 姓名_____ 学号_____ 日期_____ 评价项目_____

评价阶段	评价内容	分值	佐证材料	学生自评	小组互评	教师评价	平台数据
课前自学	"扫码学习"完成度	10	平台数据				
	自学自测	10	是否完成测试题				
课中实训	任务实操 2-1-1	5	实操任务完成情况				
	任务实操 2-1-2	10	实操任务完成情况				
	任务实操 2-2-1	5	实操任务完成情况				
	任务实操 2-2-2	5	实操任务完成情况				
	任务实操 2-2-3	5	实操任务完成情况				
	任务实操 2-3-1	10	实操任务完成情况				
	任务实操 2-3-2	5	实操任务完成情况				
	任务实操 2-3-3	5	实操任务完成情况				
	素质目标达成情况	5	是否具备探索、实践意识，运用所学解决实际问题				
		5	是否理解依法依规设置托育机构，养成严谨细致的学习态度				
课后提升	巩固提升	10	完成课后练习				
	拓展资源完成度	10	平台数据				
	合计	100	教师签名				
	项目得分						

评价说明： 在本项目完成之后，由任课老师主导，采用过程性评价与结果评价相结合，综合运用学生自评、小组互评和教师评价三种方式，由教师确定三种评价方式分别占总成绩的权重，计算出学生在本项目的考核评价得分。（平台数据完成的打√；未完成的打×）

项目三
托育机构制度管理

项目概述

托育机构规范管理制度是实现管理目标的有力措施和手段。制度作为员工行为规范的模式,能使员工个人的活动得以合理进行,同时又成为维护员工共同利益的一种强制手段。本项目重点介绍托育机构的组织机构管理、托育园各个岗位的职责、托育园各项规章制度的内容和执行。

学习目标

素质目标
1. 强化托育工作者的责任心。
2. 培养托育工作者的法律意识和规则意识。

知识目标
1. 了解托育机构组织机构的含义及组织机构的管理层次。
2. 理解托育机构规章制度的内容和执行。
3. 理解园长负责制的含义。
4. 了解托育机构各个岗位的职责、托育园规章制度的内容。

能力目标
1. 能够根据托育机构规章制度开展工作。
2. 能够运用托育机构规章制度分析解决实际问题。

案例导入

小洁是某托育园刚入职的员工,担任大班保育员,她所在的托育园要求全体员工每周二下午婴幼儿离园后要进行业务学习、政治学习和规章制度学习,尤其是小洁这一批刚入职的员工还要抄写各种规章制度的原文,写心得体会。对此小洁很不理解,她认为如果进行业务学习还有意义,但是抄写学习规章制度纯粹是形式主义。作为保育员她只需要把保育员的职责牢记于心好好执行就可以了。托育园这样做只会加重员工的负担,没有任何意义。

课前自学

阅读卡片

制度管理的重要性

制度是用来规范企业和员工的标准,制度与文化是最基本的两种管理手段。企业管理制度是企业在生产管理实践活动中指定的各种带有强制性义务,并能保障一定权利的各项规定或条例。企业规范管理制度是实现企业目标的有力措施和手段。因此,企业各项管理制度,是企业进行正常经营管理所必需的,是企业健康运行强有力的保证。

一个优秀的托育机构一定是一个制度完善、管理规范、文化共享的企业。制定并执行有效的、合理的、适合企业发展的制度能规范员工行为,提高员工的工作效率和质量,形成一种良好的企业文化。

实施制度化管理有以下重要作用。

一、制度化是企业规范化标志

制度是所有管理模式的基础,没有制度任何管理都难以推进。进行制度化建设和管理就是为企业管理提升打下一定的基础,从而推进企业管理向图表化、标准化、流程化和数字化建设迈进,管理工具也将得到进一步的应用,促进企业向规范化方向发展。

二、制度化有利于提高工作效率

制度化管理意味着程序化、标准化、透明化。实施制度化管理便于员工掌握本岗位的工作技能,利于部门与部门之间,员工与员工之间及上下级之间的沟通,使员工最大限度地减少工作失误。同时,实施制度化管理更加便于企业对员工的工作进行监控和考核,从而促进员工不断改善和提高工作效率。

三、制度化可减少管理失控

腐败和渎职最主要的原因是缺少制度的约束和有效监控。制度使企业的各项工作程序化和透明化,任何工作岗位都处于企业的监视之下,强化了对权力的监控和约束,减少和遏制了员工的不良行为或危害企业利益的行为。

四、制度化可减少决策失误

企业一旦形成制度化,企业决策必定程序化和规范化,这样使企业的决策从根本上排斥"一言堂",排斥了没有科学论证依据的决策。企业的决策过程程序化、透明化,可大大减少决策风险。

五、制度化有助于形成依据制度办事的习惯

制度化管理是企业从粗放式管理走向精细化管理的必由之路。企业通过各种制度来规范员工的行为,员工更多的是依据其共同的契约即制度来处理各种事务,促使企业的运行

逐步走向标准化和规范化。同时，也有助于提升员工的职业素养，帮助员工树立革新的观念，推进企业进一步发展。

 **阅读卡片**

托育机构规范管理制度应注意的问题

托育机构要规范管理制度应做到以下几点。

一、制度制定的整体性

在编写制度文件时，应以企业整体立场为出发点。各项制度是互相关联、高度统一的，不能为了个别部门利益而产生倾斜。在涉及多部门、多环节时，制度的衔接是非常重要的，要注意统筹制度之间的协调，不能相互矛盾。

二、制定制度的可行性

制定制度应符合托育机构发展的实际情况，并且能够切实解决托育机构存在的实际问题，托育机构应充分了解国家及地方托育相关政策、法律、法规，托育主管部门的要求以及托育行业的现实需求，进行深入的调研分析，明确定义制度的适用范围和目的、制度的各项条款的规定、制度执行过程中可能出现的问题和应对措施，切实保证制度适宜性、合理性和可操作性。

三、制度的文件化

制度不是某个领导的口头命令，更不能朝令夕改，必须以一定的形式予以确定，并保持稳定。托育园应将制度文件化，形成制度汇编。同时，为切实增强制度意识，严格按制度办事。某些制度还应上墙。制度上墙是制度公开的一种方式，有利于员工熟知规章制度内容并更好地执行。

四、强化制度的执行

制度作用的发挥依赖于团队合力，托育机构自上而下应在充分了解制度的前提下，通力合作，认真执行。在制度的执行过程中，托育机构领导应该以身作则，带头执行，一旦有违反行为同样接受处罚，不搞特殊化，才能形成遵章守纪的良好企业氛围。同时，要提高托育机构员工对制度的认识，即制度不仅是一种约束，还可以保障员工的安全和权益，营造良好的工作环境、确保公平公正和个人职业发展，从而使员工积极主动地遵守制度。

五、注意制度跟踪管理

为避免出现因理解不一致导致执行结果偏差，需要进行制度跟踪管理。制度执行的跟踪管理不是对职工的不信任，而是执行过程信息沟通的需要，是执行的信息反馈办法，是执行管理的保险。托育机构应当对制度的执行情况进行跟踪、反馈，纠正不规范行为。同时，对制度的合理性、适宜性进行调查，如发现制度的缺陷应及时进行优化，废除过期制度，以保证制度的有效性和适宜性。

课前自测

一、选择题

1. 以下（　　）不是企业管理制度的特点。
   A. 带有强制性义务　　　　　　B. 能保障一定权利
   C. 绝对不能更改　　　　　　　D. 通常以规定、条例等形式呈现
2. 以下（　　）不是实施制度化管理的作用。
   A. 是企业规范化标志　　　　　B. 有利于提高工作效率
   C. 制度化可减少管理失控　　　D. 制度化可减少决策失误
   E. 有助于形成随意办事的习惯

二、判断题

1. 制度执行的跟踪管理不是对职工的不信任，而是执行过程信息沟通的需要，是执行的信息反馈办法。（　　）
2. 制度上墙，是制度公开的一种方式，主要目的是应对相关部门检查。（　　）

项目三课前自测答案

课中实训

实训目标

1. 能够了解托育园组织机构的含义及组织机构的管理层次。
2. 能够理解托育园各项规章制度的内容和执行。
3. 能够理解园长负责制的含义。
4. 能够了解托育园各个岗位的职责。

实训条件

项目三课中实训条件如表 3-1 所示。

表 3-1　项目三实训实施条件

名　称	实　施　条　件	要　　　求
实训环境	理实一体化教室	校园网无线 Wi-Fi，可在线观看线上资源
物品准备	① 签字笔； ② 记录本（活页）； ③ 托育园制度手册； ④ 手机或平板电脑等设备； ⑤ 投影仪或一体机	材料充足，满足实训需求
知识准备	① 具备托育机构制度管理的相关理论知识； ② 搜集托育机构制度管理的相关案例	理解记忆相关知识点

实训步骤

1. 小组讨论学习规章制度的重要性，绘制托育园的组织机构图。
2. 小组讨论托育园相关规章制度的设置与落实。
3. 梳理园长负责制的含义、园长的核心素养及领导艺术。
4. 列表总结托育园各个岗位的职责，小组讨论如果没有托育机构各岗位职责及考核办法，会有什么后果。

任务一　认识托育机构的组织机构

情境导入

项目三案例导入中新入职的保育员小洁对学习托育园的各种规章制度的要求很不理解，那么，一个刚入职的普通员工了解托育园的组织机构有什么意义呢？

任务提示

1. 托育机构组织机构设置有什么意义？
2. 托育机构组织机构设置有哪些依据？
3. 托育机构组织机构有哪些类型？
4. 托育机构组织机构有哪些层次？

知识点拨

托育机构组织机构设置的意义

组织工作是管理的基本职能之一，在计划工作确定了组织的具体目标，并对实现目标的途径作了大致的安排之后，关键是如何使之成为现实。这便是组织工作的任务，包括组织机构的设置与人员编制的管理。

托育机构组织机构是指为实现特定的保育教育和保健目标而共同活动的人群集合体。

科学合理的组织机构能维系托育机构内部关系，并与外部的特定机构和社会系统相连接，有利于合理组织托育机构人力、物力，调动每个成员的积极性，更好地达成托育机构的任务目标。

知识点拨

托育机构组织机构设置的依据

科学、合理的组织机构是实现托育机构高效、优质管理的前提。设置托育机构组织机构主要有如下依据。

1. 依据国家和主管部门有关规定

国家卫生健康委印发的国卫人口发〔2019〕58号文《托育机构设置标准（试行）》和《托育机构管理规范（试行）》中的有关规定是设置托育机构组织机构的首要依据。此外省、市针对《托育机构设置标准（试行）》和《托育机构管理规范（试行）》作的一些补充规定也是各地托育机构设置组织机构的重要依据。

2. 依据组织设计的基本原则

组织机构设置必须遵循组织设计的最基本原则，如任务与目标原则、专业分工和协作的原则、有效管理幅度原则、集权与分权相结合的原则和稳定性与适应性相结合的原则。

3. 依据托育机构本身的实际情况

托育机构本身的实际情况是设置托育机构组织机构的重要依据，主要从以下方面考虑。

（1）托育机构的规模，包括婴幼儿人数、年龄分布、各年龄班班数。

（2）托育机构的类型，是全日托、半日托还是计时托。

（3）托育机构的归属，包括教育部门主办托育园的托班、民营托育园、企事业单位所办托育园、社区托育、家庭托育等。

（4）托育机构的性质，包括一般性托育园和示范性托育园。

（5）托育机构所处的环境位置。

托育机构组织设置应从实际出发，合理地设置，不能照搬文件。例如，小规模家庭托育点可以混龄或不分班；毗邻医院的托育机构可与医院建立合作，不单独设置医务室，不配专职的保健医生。

知识点拨

托育机构组织机构的类型

一、行政组织

托育机构的行政架构因其规模大小而有所不同，主要是依据工作性质和服务范围设置相应的职能组织与相应职务。通常情况下，园长是托育园行政机构的核心，负责主持全园的行政工作。

二、业务组织

托育机构的中心工作是保育、教育和健康照护，其特点是以保、教、医工作为中心。业务组织是托育机构工作开展的主体，承担各种具体的工作，占托育机构人员配备的大部分，一般托育园会专设一名业务副园长，规模较小的托育园可由园长兼管业务工作。

三、党群组织

党群组织包括托育机构的基层党组织、团组织、工会、教代会等，对托育机构的工作起着引领、监督、保证、配合和制约的作用，是有效的托育机构管理活动不可缺少的组成部分和重要力量。如《中国共产党党章程》第三十条规定，企业、农村、机关、学校、医院、科研院所、街道社区、社会组织、人民解放军连队和其他基层单位，凡是有正式党员三人以上的，都应当成立党的基层组织。

四、其他组织

根据托育机构的工作实际，通常设有家长委员会、园务委员会、治安保卫小组等，这些组织是配合托育机构完成保、教、医中心任务的有效组织。

知识点拨

托育机构组织机构的管理层次

通常情况下托育机构组织机构一般分为决策层、执行层和具体工作层三个管理层次。

一、托育机构管理的决策层

托育机构管理的高层为指挥决策层,园长是托育机构的行政负责人,是最高的行政领导者、指挥者。目前国家尚未出台统一的托育园编制标准,参照幼儿园编制标准,三个班以下的托育园一般设一位园长,四个班以上的托育园设一正一副两个园长,十个班以上托育园设一正两副三个园长,副园长协助园长工作。由于托育机构的性质和规模不同,有的托育机构还设有董事会。

微课:组织机构的管理层次

二、托育机构管理的执行层

托育机构管理的中层为执行层,管理者为保教业务、财务、后勤、安全保卫等各个职能部门的负责人,有的托育机构还设有招生负责人。他们一方面接受园长的领导,布置和执行决策层的决策,将决策转化为可操作性的行动,另一方面负责对本部门员工的管理和组织开展具体的工作。

三、托育机构管理的具体工作层

托育机构管理的具体工作层包括班级或班组等职能部门及其工作人员,如托育师、财务组、膳食组、保育员、保健医及后勤保卫人员等。

扫码学习 3.1 某省级示范托育园组织结构举例

任务实操 3-1-1

小组讨论,从组织机构的角度考虑,小洁如果对园内的学习活动有困惑,她可以向哪些人反映?如果你是小洁的同事或者领导,当她向你倾诉时,你将怎样回答?

任务实操 3-1-2

调研一所托育机构,绘制该机构的组织结构图。

任务二　掌握托育机构规章制度

情境导入

针对先导案例，为了让新员工小洁胜任保育员的工作，更好地了解托育机构的规章制度，保教业务负责人辛主任作为小洁的分管领导，耐心地向其解释了熟悉和遵守规章制度的重要性。并让小洁联系实际工作中的问题进行思考。

任务提示

1. 托育机构都有哪些规章制度？
2. 遵守托育机构规章制度有什么意义？

知识点拨

托育机构规章制度分类

没有规矩不成方圆，规章制度是企业的基本活动准则，是保障企业正常运行、各部门顺利完成任务的基石。托育园的规章制度是实现托育园的各项工作目标，系统、高效管理托育园各项工作和资源必须遵守的工作规程和行为准则。

科学的规章制度使托育园各部门、各层次、各方面人员做事有章可循、有矩可依，有效调控员工的认知和行为，起到规范员工的行为，维护正常工作秩序的作用。

托育园的规章制度主要包括两大类，一类是国家和上级行政部门以及地方或主管部门颁布的法规、法令；另一类是托育园内部的规章制度。这里我们主要学习托育园内部的规章制度，主要又可分为以下几大类。

一、全园性规章制度

全园性规章制度主要有：员工考勤制度、交接班制度、值班制度、学习制度、办公制度、托育园员工职业行为规范、托育园一日生活制度、收托制度、接送制度、安全制度、家长联系制度等。

二、部门性规章制度

部门性规章制度主要有：行政会议制度、卫生保健制度、保教制度和总务制度。

（1）行政会议制度：如园务会制度、班务会制度、职代会制度、伙委会制度、家委会制度等。

（2）卫生保健制度：如生活作息制度、健康检查制度、体格锻炼制度、卫生防病制度、伙食营养卫生制度。

（3）保教制度：如计划与记录制度、备课制度、教研活动制度、常规工作检查制度、保教质量检查制度。

（4）总务制度：如财务财产管理制度、伙食管理制度、采购验收制度、门卫制度、房屋管理制度、档案资料管理制度等。

三、岗位责任制

岗位责任制主要有：园长职责、副园长职责、保教主任职责、教师职责、保育员职责、保健医职责、炊事员职责、财会人员职责、事务人员职责、门卫职责。

四、考核与奖惩制度

考核与奖惩制度主要有：考核评价制度、奖惩制度。

知识点拨

托育机构规章制度制定与执行

托育园规章制度的制定要以国家有关法规和政策为依据，遵循保教和托育园管理的规律，符合本园的实际情况和婴幼儿照护工作的特点，要充分发挥广大员工的参与作用，争取员工的理解和认同，体现科学性、民主性和可操作性。

微课：托育机构规章制度分类

托育机构规章制度应具有严肃性、权威性和强制性，只有能够真正落实执行才能发挥其实际作用，要从以下几方面入手。

1. 加强宣教

托育园可以通过多种形式的宣传让全体员工充分熟悉和理解规章制度，如采用开会学习、案例讨论、谈心交流、组织竞赛等形式，使规章制度深入人心。

2. 率先垂范

托育机构管理者不仅要深刻理解和掌握规章制度的内容要求，还要在工作中坚持公正公平，以身作则，做出表率。

3. 健全机制

建立健全责任机制和奖惩机制，加强检查和监督工作，使全体员工都能遵循规章制度，既要体现制度的约束性、强制性，又要发挥制度的激励性，激发员工的积极性。

4. 人文关怀

托育企业还要注重企业文化建设，在严格落实制度的同时。尊重、关爱每一位员工，增强员工的责任心和归属感，提高企业的凝聚力和向心力，让员工主动遵章守纪。

知识点拨

托育机构一日生活制度

托育机构的一日生活制度指按科学的依据把幼儿每日在园内的主要活动，如入园、进餐、睡眠、游戏、户外活动、教育活动、离园等在时间和顺序上合理地固定下来并形成制度。托育园制定并实施合理的一日生活制度，可以使幼儿在园内的生活既丰富多彩又有规律性，劳逸结合，动静交替。这不仅有利于幼儿的生长发育和健康，而且有助于培养幼儿有规律的生活习惯，同时，也为保教人员顺利地做好保育和教养工作提供了重要的条件。

一、托育园制定一日生活制度的依据

在制定一日生活制度时，必须综合地考虑与之有关的各种因素，制定出既切合本园实际情况又符合婴幼儿发展特点的合理的生活制度。一般来说，在制定一日生活制度时主要依据以下几个方面。

1. 要符合婴幼儿的年龄特点

托育园一日生活制度的制定应充分考虑不同月龄婴幼儿的特点。托育园通常将不同月龄段的婴幼儿分成乳儿班、(6~12个月，10人以下)、托小班(12~24个月，15人以下)、托大班(24~36个月，20人以下)三种班型。一般来说，婴幼儿年龄越小，同类型的活动持续时间越短；活动量越小，户外活动、休息和睡眠的时间越长。

2. 要符合婴幼儿生理活动的特点

人在从事某种活动时，大脑皮质相应部分的神经细胞处于兴奋和工作状态，其他部分的神经细胞处于休息状态，从而形成工作区和休息区。工作区和休息区可以随着活动方式的改变发生变化，这种动迁式的活动方式，可以使大脑皮层各区轮换休息，以保持机体正常的工作能力，防止过度疲劳，婴幼儿神经系统尚未发育完全，如果某种性质的活动持续时间过长，就会引起大脑皮质相应区域神经细胞的疲劳。因此，婴幼儿在从事某种活动一定时间以后，应该及时变换活动的性质，这样，才能使婴幼儿大脑皮质的神经细胞得到充分的休息，避免疲劳，以保持较好的工作能力。

为此，托育园在制定生活制度时，应考虑到不同性质的活动轮换进行、动静交替，做到劳逸结合。例如，教学活动后应该进行适当的区域活动，在室内从事一段时间比较安静的活动之后，可以到户外进行体育锻炼。

3. 要根据季节变化作适当的调整

秋冬季节日照时间短暂，早晚气温偏低，中午较为暖和，应安排婴幼儿早晨迟一点起床，缩短午睡的时间，晚上早一点睡觉。

春夏季节日照时间较长，早晚较为凉爽，中午气温较高，应安排幼儿早晨提早起床，延长午睡时间，晚上迟一点睡觉。进餐和其他活动的时间也应作相应的调整。

4. 根据家长需要安排入园和离园时间

托育园既要促进幼儿的身心发展，又要解决家长的后顾之忧。因此，在制定生活制度时，应适当考虑家长的需要，合理安排幼儿入园和离园的时间。

二、托育园一日生活制度的安排举例

托育园一日生活制度的安排实际是对婴幼儿一日生活的各个环节进行科学合理的规划。其主要包括来园、晨间锻炼、学习、游戏、进餐、盥洗、如厕、睡眠、散步、户外活动、离园等。

扫码学习 3.2
托育园一日生活制度的安排

扫码学习 3.3
托育园交接班制度举例

扫码学习 3.4
收托儿童制度举例

扫码学习 3.5
托育园接送制度举例

扫码学习 3.6
家长联系制度举例

任务实操 3-2-1

调研两所托育园的一日生活制度，比较其异同，讨论园所应如何科学设置和落实一日生活制度。

任务实操 3-2-2

调研一所托育园的员工考核制度，讨论是否科学合理。

任务三　了解园长负责制

情境导入

在项目三案例导入中，为帮助新入职的保育员小洁了解园长负责制，在集体学习中需要安排哪些学习内容？

任务提示

1. 什么是园长负责制？
2. 怎样才能落实好园长负责制？

知识点拨

国家关于托育机构负责人的规定

国家卫生健康委印发的《托育机构设置标准（试行）》中第十八条规定："托育机构应当根据场地条件，合理确定收托婴幼儿规模，并配置综合管理、保育照护、卫生保健、安全保卫等工作人员。

托育机构负责人负责全面工作，应当具有大专以上学历、有从事儿童保育教育、卫生健康等相关管理工作3年以上的经历，且经托育机构负责人岗位培训合格。"

通常情况下，托育机构实行园长负责制。

知识点拨

园长负责制的含义

园长负责制是指托育机构在上级主管部门的宏观领导下，以园长全面负责为核心，同党支部监督、教职工民主管理有机结合，为实现托育机构工作目标，充分发挥行政领导职能的三位一体的管理方式。

园长是托育机构的负责人，是托育机构的法人代表，在托育机构中处于核心地位。对内全面领导保育照护、教育和行政工作，向全体员工、婴幼儿负责；对外代表托育机构向主管部门、家长和社区负责。

微课：园长负责制的含义

园长负责制明确了园长对机构工作有最高行政权，即园长有决策指挥权、用人权、奖惩权、用财权。

一、园长负责托育园全面工作

园长是托育园的法人代表，全面负责托育园的保育照护、教育和行政工作。园长对外代表托育园，对举办者、婴幼儿家长及社区负责；对内全面领导保教和行政工作，对全体教职员工、婴幼儿负责，园长拥有托育园最高行政权，具有以下权力。

1. 决策指挥权

决策指挥权是指决定托育机构的具体教育目标和规划托育机构的发展，并统筹托育机构的全面工作。

2. 人事管理权

一般来说，园长有权提出改变托育园机构组织和权限关系的意见，有权聘用、考核和奖惩工作人员。有权在符合国家要求的范围内，按照相关文件精神制定规章制度。

3. 财政管理权

园长有权在国家规定的范围内支配托育机构财经费用，规划和使用托育机构的财产设备。

二、园长负责制需要教职工参与

托育机构实行园长负责制并不意味着园长的权力不受约束。园长负责制是建立在民主基础上的，托育机构要建立全体员工参与管理的民主监督机制。托育机构应当有职代会、园务会等组织形式的民主管理和监督机制加以制约。

职工代表大会的主要职责是听取园长的工作报告，审议办园方针、发展规划，评议园长和其他托育园管理层干部的工作业绩，有权就有关托育园建设和改革的重大问题提出意见、建议，决定有关教职工生活福利的重要事项，支持园长正确行使职权。

有的托育园还设有由保教、医务、财务人员的代表及家长代表组成的园务委员会，园长任主任，定期召开园务会议。对托育园工作计划、工作总结、人员奖惩、财务预算和决算方案及规章制度的建立、修改等涉及全园工作的重大问题进行审议。

民主管理是园长负责制不可缺少的重要组成部分，是园长负责制的基础。要办好托育园，就必须尊重和维护员工的民主权利，发挥员工的监督和管理作用。

知识点拨

园长（负责人）岗位职责

（1）贯彻执行国家有关法律、法规政策，执行上级主管部门的指令和规定。

（2）做好全园员工的思想政治工作，组织政治学习，提高政治素质。

（3）制定人员编制，负责员工的聘任、调配、奖惩、晋升等工作，改善员工的生活和工作条件，保障其合法权益。

（4）负责主持制订托育园整体工作计划，主持召开全园各种会议，指导检查和评估全园各岗位的工作，推广先进经验，发现问题督促整改。

（5）负责托育园经费、建筑及设备的合理使用，做好托育园建设和发展规划，改善办园条件。

（6）负责对副园长或各部门主任工作的督促和检查，指导副园长或各部门主任做好各自的工作。（注：因托育机构规模不同，有的规模较小的托育园未设副园长。）

（7）负责全体员工的业务学习，做好职前培训和职后培训，关心员工的工作、生活和身心健康，提高全体员工的专业素质和工作积极性。

（8）负责制订托育园招生方案，并组织方案的实施。

（9）负责组织家庭教育指导工作和家园合作工作，负责与社区联系并做好合作工作。

扫码学习 3.7　园长的核心素养

任务实操 3-3-1

列表梳理园长责任制的含义和园长的核心素养与领导艺术。

任务四　熟悉托育机构各岗位职责

情境导入

为帮助新入职的保育员小洁了解托育机构各岗位的职责，在集体学习中需要安排哪些学习内容？让新员工尽快熟悉托育机构各岗位的职责对托育机构和新员工有什么意义？

任务提示

1. 托育机构通常设有哪些岗位？
2. 托育机构各岗位的职责是什么？

知识点拨

确立托育机构岗位责任制的原则

岗位责任制是指根据各工作岗位的工作性质和业务特点，明确规定其职责、权限，并按照规定的工作标准进行考核及奖惩而建立起来的制度。

实行岗位责任制有助于工作的科学化、制度化。建立和健全岗位责任制，必须明确任务和人员编制，然后才有可能以任务定岗位、以岗位定人员，责任落实到人，各尽其职，达到事事有人负责的目标，改变有人没事干、有事又没人干的现象。确立托育机构岗位责任制通常遵循以下原则。

1. 岗位与能力相统一的原则

托育机构要根据员工的能力和特长分配与之相适应的岗位。托育机构要综合考虑各种因素，根据岗位要求和员工能力素质，选贤任能，人尽其才，使每个岗位都有与之匹配的优秀人才，每个人才都能发挥最大的能力。

2. 职责与权利相统一的原则

职务、责任、权力、利益是每个工作岗位的要素，充分体现分配原则，将职责与权力相统一，使每名员工都有明确的职务权力和相适应的利益。将员工的实际利益与其职责密切相连，才能保障在完成工作目标的同时避免滥用权力。

3. 奖惩与考核相一致的原则

岗位责任制为员工考核提供了基本依据。将考核结果作为奖惩的基本依据，论功行赏、依过处罚，才能真正发挥岗位责任制的作用，起到鼓励先进、激励后进、提高工作效率的作用。

知识点拨

托育机构岗位责任制的实施

托育机构员工要明确知晓各自岗位的工作内容、标准和该岗位应承担的责任等，才能保证各项保教活动高效、有序地进行。

1. 提高管理效能，健全岗位责任制

托育机构岗位责任制通常包括领导岗位责任制、管理人员岗位责任制、技术人员岗位责任制、后勤财务及保卫部门员工岗位责任制等。托育机构应明确规定各种工作岗位的职能及其责任，明确各种岗位的工作内容、数量和质量，应承担的责任等，从而规范托育从业人员的工作行为和工作程序，充分发挥每个岗位的基本职能，提高管理效能。

2. 坚持因需设岗，职责明确

坚持依据托育机构工作实际需要设置岗位，以任务定岗位，以岗位定人员，责任落实到人，各尽其职，达到事事有人负责的目标。要对托育机构内各岗位承担的工作内容、数量、质量和完成的程序、标准和时限，以及应有的权力和应负的责任等做出明确规定，做到责任相称、任务清楚、要求明确。

3. 加强考核评价，强化责任意识

托育机构要不断强化员工岗位责任意识，将岗位责任制履行情况纳入绩效考评，与工资待遇、培训、晋升等挂钩，将岗位责任制落到实处。

知识点拨

常见托育机构岗位责任

1. 园长岗位职责

在项目三任务二中已有详细介绍，此处不再赘述。

2. 业务副园长岗位职责

根据托育园规模及实际情况，会设置业务副园长，主要负责托育园的保育、教育、教研等业务工作，规模较小的托育园会设置保教主任岗位。

微课：常见托育机构岗位责任

（1）负责全园保育、教育工作，结合本园实际制订相关计划。

（2）向园长汇报工作和提出建议。

（3）安排全园的课程和活动，按季节调整作息时间，审批各年级的活动计划，深入班级听课评课，检查指导教学，提高保育、教育、保健质量。

（4）组织员工进行业务学习和培训，积极进行教育改革，引导员工树立正确的儿童观和教育观，定期开展教研和科研活动，组织教学观摩、总结、经验交流及考核评价工作。

（5）协助园长组织全园性的庆祝会、亲子活动、运动会、联欢会等活动。

（6）协助园长召开全园婴幼儿的家长会，做好家庭调查、社会宣传和与社区联系等工作。

（7）宣传贯彻预防为主的方针，检查落实托育机构卫生保健、防病等措施。

（8）做好托育机构新生入园和托大班毕业离园工作，做好参观学习活动的接待工作。

（9）根据托育机构工作实际，在园长临时缺编或暂时离园时行使园长职责。

3. 后勤副园长/后勤主任岗位职责

根据托育园规模及实际情况，会设置后勤副园长或后勤主任岗位，主要负责托育园的后勤保障等工作。

（1）负责托育园后勤全面管理工作，制订后勤工作计划，深入各岗位检查指导，实施考核奖惩。

（2）向园长汇报工作和提出建议。

（3）负责婴幼儿的膳食管理工作，主持召开膳食管理会议，定期组织开展膳食调查，组织做好配餐工作，保障婴幼儿营养科学均衡，杜绝食物中毒，监督控制婴幼儿餐费专款专用，管理好教师伙食，做到科学配膳、合理开支。

（4）负责托育机构房屋修缮、设备添置和维修、开水供应、绿化节水、安全保卫等工作。负责托育园防暑、防寒、防虫、灭菌工作的检查落实。负责全园婴幼儿生活用品的计划和配置。

（5）负责后勤人员的管理、岗位培训、考核等工作，组织后勤人员积极配合托育机构中心工作，为保育、教育提供后勤保障。

（6）根据托育机构工作实际，园长临时缺编或暂时离岗时行使园长职责。

4. 招生主任职责

由于社会上对托育园的知晓率、认可度普遍较低，加之入托婴幼儿的入托时间段普遍偏短，导致托育机构的生源不稳定，因此招生工作是托育机构管理非常重要的一项工作。

（1）负责托育园的招生管理工作。

（2）负责各项招生工作指标的制定与实施，以及周、月、年度计划及报告的制定和审核。

（3）组织对家长的宣传推介活动，促进家园沟通，树立托育园良好的品牌形象。

（4）负责完成园长交予的其他任务。

5. 托育教师岗位职责

（1）严格遵守托育园各项规章制度和伦理道德规范。

（2）负责本班的教育教学工作，使婴幼儿在动作、语言、认知、社会性几方面得到全面发展。

（3）认真执行托育园一日生活制度，严格按照生活常规要求，培养婴幼儿良好的文明卫生习惯和独立生活能力，保证婴幼儿有足够的户外活动时间，做到动静交替，使婴幼儿保持良好情绪。

（4）制订班级学期、月、周、日计划，并结合本园本班的实际情况，做好环境创设和玩具、教具的准备，保证保教计划的落实。

（5）游戏为主要活动形式，促进婴幼儿在身体发育、动作、语言、认知、情感与社会性等方面的全面发展。

（6）游戏活动应当重视婴幼儿的情感变化，注重与婴幼儿面对面、一对一的交流互动，动静交替，合理搭配多种游戏类型。

（7）提供适宜的刺激，丰富婴幼儿的直接经验，支持婴幼儿主动探索、操作体验、互动交流和表达表现，发挥婴幼儿的自主性，保护婴幼儿的好奇心。

（8）全面了解每个婴幼儿，负责建立本班婴幼儿照护服务日常记录和学习与发展档案，定期与婴幼儿监护人沟通婴幼儿的发展情况。

（9）认真做好家园共育工作，定时和每位婴幼儿家长保持联系，了解婴幼儿家庭教育情况，提供家庭教育指导，共同配合完成教育工作。

（10）定期向园领导汇报工作，接受其检查和指导。

扫码学习 3.8 保教主任岗位职责

扫码学习 3.9 教研组长岗位职责

扫码学习 3.10 保教主任岗位职责

扫码学习 3.11 保育员岗位职责

扫码学习 3.12 炊事员岗位职责

扫码学习 3.13 门卫岗位职责

扫码学习 3.14 出纳岗位职责

扫码学习 3.15 会计岗位职责

任务实操 3-4-1

总结托育机构各岗位职责，小组讨论如果托育机构没有明确的岗位职责，会有什么后果？

巩固提升

一、单项选择题

1. 制度的生命力在于执行，有了制度却没有严格执行，就会形成（　　）。
   A. 蝴蝶效应　　　　B. 羊群效应　　　　C. 破窗效应　　　　D. 马太效应
2. 关于托育机构岗位责任制，下列（　　）不正确。
   A. 岗位与能力相统一　　　　　　　　B. 职责与权利相统一
   C. 奖惩与考核相一致　　　　　　　　D. 因人设岗

二、判断题

1. 按照国家规定，托育机构有固定的组织结构。　　　　　　　　　　　　（　　）
2. 将岗位责任制履行情况纳入绩效考评，与工资待遇、培训、晋升等挂钩，是将岗位责任制落到实处的有效手段。　　　　　　　　　　　　　　　　　　　（　　）
3. 托育机构规章制度应具有严肃性、权威性和强制性。　　　　　　　　　（　　）

拓展资源

扫码学习 3.16　园长的领导艺术

扫码学习 3.17　破窗效应

考核评价

班级_____ 组别_____ 姓名_____ 学号_____ 日期_____ 评价项目_____

评价阶段	评价内容	分值	佐证材料	学生自评	小组互评	教师评价	平台数据
课前自学	"扫码学习"完成度	10	平台完成度数据				
	自学自测	10	是否完成测试题				
课中实训	任务实操 3-1-1	8	实操任务完成情况				
	任务实操 3-1-2	7	实操任务完成情况				
	任务实操 3-2-1	5	实操任务完成情况				
	任务实操 3-2-2	5	实操任务完成情况				
	任务实操 3-3-1	10	实操任务完成情况				
	任务实操 3-4-1	15	实操任务完成情况				
	素质目标达成情况	5	是否能够运用托育机构规章制度分析解决实际问题				
		5	是否初步建立法律意识和规则意识				
课后提升	巩固提升	10	课后练习完成度				
	拓展资源	10	平台完成度数据				
	合计	100	教师签名				
	项目得分						

评价说明：在本项目完成之后，由任课老师主导，采用过程性评价与结果评价相结合，综合运用自我评价、小组评价和教师评价三种方式，由教师确定三种评价方式成绩分别占总成绩的权重，计算出学生在本项目的考核评价得分。(平台数据完成的打√；未完成的打 ×)

项目四
托育机构资源管理与团队建设

项目概述

托育机构资源管理与团队建设是指托育机构要做到"人尽其才,物尽其用",同时合理的资源管理与团队建设也是其运行发展的重要保障。托育机构资源管理与团队建设要求托育从业人员掌握这些技能:了解托育工作人员的配备与资格要求;科学有效开展托育工作人员的培训与开发;遵守托育机构财务管理制度;妥善管理托育机构的各类资产;打造托育机构高效团结的师资队伍。托育机构工作人员只有明晰人力资源管理及财务财产管理与团队建设的重要性,才能更好地适应、融入托育工作。

本项目重点学习托育机构工作人员的任职要求与培训大纲,托育机构财务财产的管理运作以及团队建设的要求。

学习目标

素质目标
1. 培养对婴幼儿的仁爱师德之心。
2. 树立终身学习的理念,不断提高自身素质。

知识目标
1. 了解人力资源管理的含义、目的和任务。
2. 理解托育机构从业人员培训大纲。
3. 理解托育机构财务管理工作的主要环节。
4. 掌握团队建设的基本要求。

能力目标
1. 能够严格遵守园所财务制度。
2. 能够制定人事管理制度。
3. 具有托育工作团队中优秀人才的潜质。

案例导入

新闻调查：托育机构现状（节选）

寿光市星智托育中心是寿光市妇幼保健院与寿光育才教育集团合作创办的早教、托育一体化婴幼儿服务机构，于 2020 年 10 月 8 日营业。由妇幼保健院提供场地和保健医生，教育集团负责师资和教育体系，可谓强强联合。"我们的老师是从幼儿园抽调的，尽管开园前作了培训和心理准备，但忽然接触到这么多一两岁的孩子，问题远比想象得多。"

教师是托育机构的重要一环。面对托育师资难题，小规模民办托育机构想要留住好老师难上加难。"现在幼教、托育老师流动性高、流失率大，毕业时有 50 个从业老师的话，2~3 年后可能会有一半转行。"托育机构负责人分析，导致幼教、托育老师流失的原因一是收入不高，二是社会认同度不高。

托育机构费用大不相同。500 元、1100 元、1700 元、2580 元、2680 元、3100 元、3800 元……记者到访的多家普惠托育机构的托育费用相差较大。2020 年青岛市城阳区有 4 家托育机构先后倒闭，"高不成低不就，家长看上的托育机构收费高，收费低的又对硬件软件不放心，纠结再三还不如不送托育"。

2019 年 10 月，国家发改委和卫健委共同发布《支持社会力量发展普惠托育服务专项行动实施方案（试行）》，提出对承担一定指导功能的示范性托育和普惠社区托育（新改扩建）的新增托位，中央预算内投资按每个新增托位给予 1 万元的补助。胶州 2021 年月出台促进 3 岁以下婴幼儿照护服务发展的实施意见，全市共筛选储备了 74 个托育项目，拟申请普惠项目资金 706 万元。济南市出台相关政策，将择优评定完成 30 所托育机构示范点，予以通报表扬、命名挂牌并给予每家 20 万元奖励补助。

（来源：节选自山东教育新闻网。）

课前自学

阅读卡片

人力资本理论

人力资本理论的构建者是美国经济学家舒尔茨。1945 年第二次世界大战结束之后，战败国德国和日本的经济受到很大的创伤。很多人认为，这两个国家的经济恐怕要很久才能恢复到原有的水平。但实际上，只用了大约 15 年，德国和日本的经济就奇迹般地恢复了，而且 60 年代以后，这两个国家继续以强大的发展势头赶超美国、苏联，并最终使经济实力上升为世界第二和第三的位置。

这引起了经济学家们的高度重视，舒尔茨的人力资本理论就是在此背景下提出。他的核心论点为：人力资源的提高对经济增长的作用，远比物质资本的增加重要得多。舒尔茨分析，战争虽然破坏了这两国的物质资本，但并未破坏其充裕的人力资本；再加上这两国悠久的文化传统和重视教育的现代国策为经济发展提供了大量高素质的劳动力，这使两国的经济发展得以建立在高技术水平和高效益基础上。

因此,舒尔茨认为人力资本是通过投资而形成的,像土地、资本等实体性要素一样,在社会生产中具有重要的作用。

阅读卡片

人力资源管理的含义、目的、任务

人力资源管理也称人事管理,是国家或某一部门为实现一定的目标,对所属工作人员进行选拔、使用、培养、考核、奖惩等一系列的管理活动。

人力资源管理旨在通过科学的方法,正确的用人原则及合理的管理制度,调整人与人、人与事、人与组织的关系,以充分利用人力资源。

微课:人力资源管理的含义、重要性和任务

人力资源管理的任务主要有以下7个。

(1)组织:即制定、修改关于权限和职能责任的组织结构,建立双轨的、相互的、纵向及横向的信息交流系统。

(2)计划:即预测对于工作人员的需求,做出人员投入计划,并对所需要的管理政策和计划做出预先设想。

(3)人员的配备和使用:即按照工作需要,对工作人员进行录用、调配、考核、奖惩、安置等。

(4)培训:即帮助工作人员不断提高个人工作能力,进行任职前培训和在职培训。

(5)工资福利:即根据按劳分配的原则,做好工作人员的工资定级、升级和各种保险福利工作。

(6)政治思想工作:即通过各种教育方式,提高工作人员的思想政治觉悟,激励工作人员的积极性、创造性。

(7)人事管理研究:即对工作情况和程序进行总结、评价,以便改进管理工作。

阅读卡片

虐童"零容忍"

根据国家卫生健康委《托育机构管理规范(试行)》(国卫人口发〔2019〕58号)中第三十三条:托育机构工作人员应当具有完全民事行为能力和良好的职业道德,热爱婴幼儿,身心健康,无虐待儿童记录,无犯罪记录,并符合国家和地方相关规定要求的资格条件。

并提出各有关部门应当将托育机构及其工作人员信用信息纳入全国信用信息共享平台,依法建立托育机构及其工作人员黑名单制度,禁止有虐待、伤害婴幼儿记录的机构和个人从事托育服务。并鼓励托育机构对从业人员进行入职前心理健康测试,以及进行职后心理健康测试。

财务管理的环节

财务管理是在一定的整体目标下,关于资产的购置,资本的融通和经营中现金流量,以及利润分配的管理。

财务管理环节是根据财务管理工作的程序及各部分间的内在关系划分的，分为财务预测、财务决策、财务计划、财务控制、财务监督、财务分析，一般由专业的财务人员负责。财务管理的各个环节相互连接，形成财务管理工作的完整过程，被称为财务管理循环。

　　财务预测是根据财务活动的历史资料，考虑现实的要求和条件，对未来的财务活动和财务成果作出科学的预计和测算。以托育机构为例，是以围绕托育机构的总体目标，对一定时期（一般为一年）内托育机构资金取得和投放、各项收入和支出等资金运作所做的具体安排。

　　财务决策，财务决策是对财务方案进行比较选择，并做出决定，财务决策是整个财务管理的核心。可涉及的问题如：托育机构的定价决策。

　　财务计划是以货币形式协调安排计划期内投资、筹资及财务成果的文件。制订财务计划的目的是为财务管理确定具体量化的目标。

　　财务控制是运用特定的方法、措施和程序，通过规范化的控制手段，对企业的财务活动进行控制和监督。例如预算控制、成本控制、实物资产控制等。

　　财务监督是运用单一或系统的财务指标对企业的生产经营活动或业务活动进行的观察、判断、建议和督促。以非营利性托育机构为例，需遵守《会计法》和《民间非营利组织会计制度》，此外相关部门也会开展财务管理专项检查。

　　财务分析是一种判断的过程，旨在评估企业现在或过去的财务状况及经营成果，其主要目的在于对企业未来的状况及经营业绩进行最佳预测。借助财务分析，托育机构能及时评估办园效益，总结管理经验，提高资金使用效率，为当前改革和未来发展提供有效的建议。

阅读卡片

群体与团队的含义和区别

　　群体是两个或者两个以上相互依赖的个体。为了实现某个特定的目标而结合在一起。任何聚集在一起的群体都可以成为团体。比如，旅游团、观看球赛的人群，在同一单位工作的人，在一个教室上课的同学。但群体不等于团队。

　　团队是由两个或更多的人为实现同一目标，共同合作、互补技能、相互承担责任而组成的工作群体，它们之间有根本性的区别，表现为以下六点。

　　（1）在领导方面，作为群体应该有明确的领导人；团队可能就不一样，尤其团队发展到成熟阶段，成员共享决策权。

　　（2）目标方面，群体的目标必须跟组织保持一致，但团队中除了这点外，还可以产生自己的目标。

　　（3）协作方面，协作性是群体和团队最根本的差异，群体的协作性可能是中等程度的，有时成员还有些消极，有些对立；但团队中是一种齐心协力的气氛。

　　（4）责任方面，群体的领导者要负很大责任，而团队中除了领导者要负责外，每一个团队的成员也要负责，甚至要一起相互作用，共同负责。

　　（5）技能方面，群体成员的技能可能是不同的，也可能是相同的，而团队成员的技能是相互补充的,把不同知识、技能和经验的人综合在一起,形成角色互补,从而达到整个团队的有效组合。

(6)结果方面,群体的绩效是每一个个体的绩效相加之和,团队的结果或绩效是由大家共同合作完成的产品。

课前自测

填空题

1. 填写表 4-1 人力资源管理的基础知识和表 4-2 群体与团队的定义和区别。

表 4-1　人力资源管理的含义、目的、任务

含义	
目的	
任务	

表 4-2　群体与团队的含义和区别

含义	群体	
	团体	
区别	领导	
	目标	
	协作	
	责任	
	技能	
	结果	
判断	(请把属于"团队"的人员圈出) 龙舟队　旅行团　足球队　候机旅客	

2. 美国的经济学家舒尔茨提出的人力资本论的核心观点是_____。
3. 财务管理的环节包括_____、_____、_____、_____、_____、_____财务管理的各个环节相互连接,形成财务管理工作的完整过程,被称为_____。

项目四课前
自测答案

课中实训

实训目标

1. 能够掌握托育机构设置的人员配备类型及数量。
2. 能够熟悉托育机构人事管理制度。
3. 能够熟悉托育机构财务及资产管理制度。
4. 能够具有托育工作团队中优秀人才的潜质。

实训条件

项目四实施条件如表 4-3 所示。

表 4-3　项目四实施条件

名　称	实　施　条　件	要　　求
实训环境	理实一体化教室	校园网无线 Wi-Fi，可在线观看线上资源
物品准备	① 签字笔； ② 记录本（活页）； ③ 手机或平板电脑等录音录像设备； ④ 投影仪或一体机	案例材料充足，满足学生需求
知识准备	① 初步具备人力资源管的理论知识； ② 初步了解财务管理的工作环节； ③ 初步认识到团队建设的重要性	理解记忆相关知识点

实训步骤

1. 分组讨论搜集托育机构人事管理制度。
2. 分组讨论梳理托育机构负责人和保育人员培训方案。
3. 分组讨论搜集托育机构财务管理制度。
4. 分组讨论分析挖掘团队建设中的自身优势。

任务一　了解托育机构人力资源管理

情境导入

在前面的先导案例中，托育机构教师是由幼儿园抽调，尽管开园前作了培训和心理准备，但忽然接触到这么多一两岁的孩子，问题远比想象得多。那该如何帮助托育机构教师成长、胜任工作呢？

项目四 托育机构资源管理与团队建设

任务提示

1. 托育机构的人事管理制度包括哪些方面？
2. 托育机构从业人员的培训大纲内容有哪些？

知识点拨

托育机构工作人员的配备与使用

托育机构工作人员的配备包括配备人员类型、数量及要求（见项目二中任务二，托育机构的人员配备及数量）。

托育机构工作人员的使用包括招聘、录用、考核、奖惩、晋升、培训、给予福利待遇等，一般由园所人事制度作出规定解释。

托育工作人员的招聘一般为托育机构园长负责制，园长负责组建招聘工作小组，并主持聘任、调配人员的工作，招聘的一般程序为：发布招聘信息、审查申请、面试、录用。

托育工作人员的考核非常重要，考核可为单位提供总体人力资源质量优劣程度的确切情况，获得员工晋升和发展潜力的数据，以便为单位未来的发展制定更好的、更具实际的规划。

目前国家还未对托育机构教师制定具体的行为规范，但可参考教育部发布的《新时代幼儿园教师职业行为十项准则》，作为托育机构制定各岗位量化考核制度的重要依据。通常情况下托育机构教师的量化考核制度可分为以下维度：师德师风、安全工作、保教工作、出勤情况、其他等部分组成。

托育机构工作人员的晋升、奖惩、福利待遇在遵循国家的法律法规的基础上，无统一要求，营利性托育机构于非营利托育机构也相差巨大，均遵循其园所人事管理制度。

任务实操 4-1-1

1. 回顾所学：根据项目二中任务二托育机构设置的人员配备类型及数量，完善表 4-4 内容。

表 4-4 托育机构设置的人员配备类型及数量

人员类型	数量	要求
托育机构负责人		
保育人员		
保健人员		
保安人员		

2. 小组讨论，搜集某托育机构或幼儿园的人事管理制度，简要总结其内容。

知识点拨

《托育机构负责人培训大纲（试行）》和《托育机构保育人员培训大纲（试行）》

根据国家卫生健康委办公厅关于印发《托育机构负责人培训大纲（试行）》和《托育机构保育人员培训大纲（试行）》（国卫办人口函〔2021〕449号）的通知，对托育从业人员培训提出了以下三方面的要求。

（1）强化统筹规划。各级卫生健康部门要统筹做好托育机构负责人和保育人员岗位培训总体规划，确立托育机构负责人和保育人员岗位培训制度，将其作为急需紧缺人员纳入培训规划，分批次开展培训工作。

（2）建设培训资源。各级卫生健康部门要遴选一批基础较好的优质教材和课程资源，推进托育机构负责人和保育人员培训相关教材建设，充分发挥高校、行业学（协）会和示范托育机构力量，开发高质量培训指导教材和资源库。

（3）加强培训监管。各级卫生健康部门要对托育机构负责人和保育人员培训机构加强监管，建立定期评估机制，形成动态管理、有进有出的竞争管理机制。

扫码学习 4.1 《托育机构负责人培训大纲（试行）》和《托育机构保育人员培训大纲（试行）》

任务实操 4-1-2

扫描二维码，小组讨论，归纳梳理托育机构负责人和保育人员培训方案并填入表 4-5。

表 4-5 托育机构负责人和保育人员培训方案

项 目		托育机构负责人	托机构保育人员
培训方式			
培训时间			
培训目标			
培训内容	理论		
	实践		
培训考核			

任务二　了解托育机构财务和资产管理

情境导入

在前面的先导案例中，托育机构费用从几百元到几千元高低大不相同，但总体情况不容乐观，2020 年青岛市城阳区有 4 家托育机构先后倒闭。那么托育机构该如何高效利用资金办园，扭亏为盈呢？

任务提示

1. 托育机构如何做到平衡收支？
2. 托育机构的各类资产如何管理？

知识点拨

托育机构收支管理

一、收入管理

依据项目二所学，根据申请托育机构主体资格性质，托育机构可分为营利性托育机构和非营利性托育机构。托育机构类型不同，其收入来源也大不相同。

营利性托育机构为民营企业和个体经营，开办资金全部由举办者自筹自支，独立核算，自主经营，自负盈亏，资金来源主要来源于收托费用。收费可按照成本核算、承受可及的原则自主确定收费价格。且较少享受国家的补贴与税收福利政策。

非营利性托育机构为事业单位和社会服务性质的托育机构，收托费用为政府定价或政府指导价。此外，县（区）人民政府作为所属普惠性托育机构补助的责任主体，负责履行保障责任。例如安徽省宿州市，普惠性托育机构所需资金由同级财政按照补助标准和在园（所）婴幼儿人数计算，统筹上级转移支付及本级资金给予保障。市级财政在县区补助的基础上，每年对示范性托育机构进行定量的奖励补助。

二、支出管理

支出是指开展日常照护、保育教育及其辅助活动发生的支出，内容包括：婴幼儿生活性材料、教育性材料、员工工资、福利费、公务费、修缮费、业务费、设备费、其他费用等。

托育机构应当依法建立财务、会计和资产管理制度，健全财务内部控制制度，加强财务和资产管理，并接受财政部门及相关部门的监督检查。

托育机构应当单独设立伙食费台账，不得克扣、挪用婴幼儿伙食费。

任务实操 4-2-1

搜集资料，查找某托育机构或幼儿园实行的财务管理制度。

知识点拨

托育机构资产管理

托育机构资产管理即对托育机构固定资产和流动资产实施管理，是对物的管理。

固定资产是指企业为生产产品、提供劳务、出租或者经营管理而持有的、使用时间超过 12 个月的，价值达到一定标准的非货币性资产，且需要在每个会计期间计提折旧（在财务处理时，预先计入某些已经发生、但是未实际支付的折旧费用）。

托育机构固定资产大致分为以下几类：房屋建筑物（办公、教保、幼儿宿舍、其他用房和构筑物等）；交通运输工具（汽车等交通工具）；教保专用设备（机电、仪器、电教、文体、医疗、印刷等教学设备）；办公设备（计算机、录像机、话筒、扬声器等办公设备）；其他固定资产（家具、电器、供水系统、炊事用具、洗涤、电梯、办公设备等）。

微课：托育机构资产管理

流动资产是在一个正常营业周期内或一个会计年度内变现、出售或耗用的资产和现金及现金等价物。托育机构的流动资产一般表现为货币性流动资产和实物性流动资产。

货币性流动资产包括现金，银行存款等货币资金及应收、暂付款、借款、存款等。货币流动资产管理是建立健全完善的货币资金内部管理控制制度，且改该制度将按照国家有关规定由专业人员制定。例如，根据《现金管理暂行条例》的规定，对不属于现金开支范围的业务要通过银行办理转账结算。购买各种物品领用现金一般不得超过1000元（含1000元），超过100元的原则上用支票结算；机构园所或个人用款时应按照提交用款申请、支付审批、支付复核、办理支付等程序执行。会计、出纳应按签字齐全、票据规范、支出合理等方面认真复核后方可办理。

托育机构实物性的流动资产，主要包括材料、低值品和易耗品。材料是指一次性使用或不能复原的物品，如托育机构一次性的生活材料（纸尿裤、护理巾、一次性围嘴等）、玩教具制作材料（不织布、超轻黏土、卡纸等）。低值品是指既不够固定资产标准，又不属材料范围的用具设备，如低值的婴幼儿图书、玩具、教具、餐具等。易耗品则指经常使用的消耗日用品，如消毒液、肥皂、沐浴露、毛巾、纸巾、纸张、画笔、胶水等。托育机构对于这些材料、低值品和易耗品的管理需要建立严格执行采购制度、验收入库制度、造册登记制度、物品领用和出借赔偿制度，规范其采购、库存、领用等物品管理行为，对繁杂的低值易耗品采购、库存和去处，托育机构管理者做到心中有数、记录有底。

任务实操 4-2-2

结合所学，填写表 4-6。

表 4-6　托育机构资产管理分类

资产分类			举　例
固定资产	房屋建筑物		
	交通运输工具		
	教保专用设备		
	办公设备		
	其他固定资产		
流动资产	货币性流动资产		
	实物性流动资产	材料	
		低值品	
		易耗品	

任务三　了解托育机构团队建设

情境导入

在前面的先导案例中，托育机构不仅面临师资难题，小规模民办托育机构想要留住好老师更是难上加难。那托育机构可以做哪些努力吸引人才、留住人才呢？

任务提示

1. 托育机构团队建设的基本要求是什么？
2. 建设托育机构师资团队的策略有哪些？

知识点拨

托育机构团队建设的基本要求

团队建设是指为了实现团队绩效及产出最大化而进行的一系列结构设计及人员激励等团队优化行为。全体托育机构的工作人员，包括领导人员、保教人员、后勤人员共同打造一支托育团队，为建成卓越托育机构而努力奋进。具体要求如下。

微课：托育机构团队建设的基本要求

一、优秀的领导

因托育机构领导者的胜任力模型研究较少，此处参考幼儿园中层管理者相关研究。李琼等学者发现幼儿园中层管理者胜任力模型包含三维度十要素：专业胜任力（包括业务力、学习力、科研力）；管理胜任力（包括内省力、执行力、领导力）；人际胜任力（包括关怀力、沟通力、包容力、调适力）。专业胜任力是中层管理者从事幼儿教育事业的专业基础，管理胜任力是中层管理者的核心素养，良好的人际胜任力是中层管理者高效工作的人际关系基础。由此可大致推断出，优秀的托育机构领导需要具有专业、管理、人际三方面协同发展的综合能力。

此外参照其研究，学历是影响中层管理者胜任力的重要因素。提升本科以下层次中层管理者的胜任力是目前培训的重要内容。工作时间也显著地影响着中层管理者的胜任力。对于新任中层管理者，前3年是其专业胜任力、管理胜任力与人际胜任力培养和发展的关键时期，但是工作20年以上的中层管理者其专业胜任力表现出下降的趋势。

二、互补的成员

互补的成员类型，是"黏合"团队的基础。例如年龄、性别、能力、个性、学历等。

团队成员年龄结构均衡，由"老中青"组合而成，可"老带新""传帮带"，也可取长补短，把托育领域的宝贵经验与先进知识相结合，并不间断的传递下去，防止出现"断层"现象。

团队成员性别构成合理，由于托育机构较为特殊，女性工作人员较多，而优秀的男性工作人员如同凤毛麟角。女性倾向于细致、柔性、细心的照料、母爱般的呵护，男性倾向于力量、坚强与果断，有坚毅阳刚之气。因此在托育机构中男性角色不可或缺。

团队成员能力优势互补，能力的表现是多方面的，根据加德纳多远智能理论，个人能力包括8种，即语言智能、数理逻辑智能、音乐智能、空间智能、身体运动智能、人际交往智能、自我认识智能、认识自然的智能。托育机构团队成员间应扬长避短，充分发挥个人知识和经验优势。既存在专业知识丰富的保教人员，也有人际协调突出的领导管理干部以及细致周到的后勤队伍。

三、共同的目标

一个团队必须有明确的、既定的目标。目标不确定，或者混淆了不同的目标，都必然会导致管理的混乱。任何管理活动都必须把制定目标作为首要任务。但目标又分为个人目标与团队目标，团队目标和个人目标之间存在三种情况（图4-1）。

第一种关系是大部分个人目标与团队目标是一致的，有个别是相同的，少部分不一致甚至相反，这也是大部分团队的状况。在这种情况下，团队间有内耗产生，影响团队整体士气，进而影响到团队目标的达成。

第二种关系是个人目标与团队目标完全相同。这种团队的效果最好，但一般只在军队战斗中或某些组织的初创阶段出现，在大多数组织中并不不能完全实现，此状态忽视了个体的多样化与创造性，并不是一个团队长期发展、进取的最佳状态。

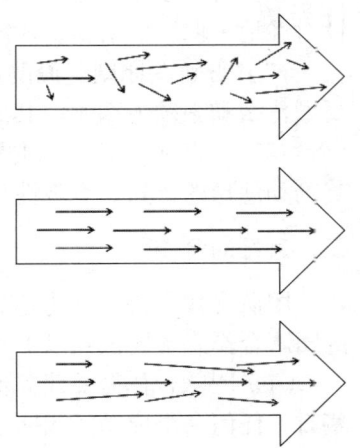

图4-1 团队目标和个人目标之间存在的三种情况

第三种关系是个人目标与团队目标一致但不是完全相同的，这是各级目标的理想状态。这种状态下，个人目标与团队目标一致，而又尊重了成员的个性和需求，成员间的氛围和谐，能够极大的激发成员的潜力和动机。这样的状态有利于达成团队的目标。

因此，在团队中每个成员的个性需求都必须被尊重，并在此基础上找到一个与组织要求相一致的团队目标。只有团队个人目标与团队发展的目标合二为一，形成合力，才能充分调动个体的积极性、主动性和创造性，使团队目标得到切实有效的贯彻和执行。

四、合理的激励

激励是指激发员工的工作动机，也就是说用各种有效的方法去调动员工的积极性和创造性，使员工努力去完成组织的任务，实现组织的目标。

合理的激励有以下原则。

（1）目标结合原则。在激励机制中，设置目标是一个关键环节。目标设置必须同时体现目标和员工需要的要求。

（2）物质激励和精神激励相结合的原则。物质激励是基础，精神激励是根本。在两者结合的基础上，逐步过渡到以精神激励为主。

（3）正激励与负激励相结合的原则。所谓正激励就是对员工的符合组织目标的期望行为进行奖励。所谓负激励就是对员工违背组织目的的非期望行为进行惩罚。正负激励都是必要而有效的，不仅作用于当事人，而且会间接地影响周围其他人。

（4）时效性原则。要把握激励的时机，"雪中送炭"和"雨后送伞"的效果是不一样的。激励越及时，越有利于将人们的激情推向高潮，使其创造力连续有效地发挥出来。

（5）合理性原则。激励的合理性原则包括两层含义：其一，激励的措施要适度。要根据所实现目标本身的价值大小确定适当的激励量；其二，奖惩要公平。

（6）按需激励原则。激励的起点是满足员工的需要，但员工的需要因人而异、因时而异，并且只有满足最迫切需要（主导需要）的措施，其效价才高，其激励强度才大。因此，领导者必须深入地进行调查研究，不断了解员工需要层次和需要结构的变化趋势，有针对性地采取激励措施，才能收到实效。

（7）明确性原则。激励的明确性原则包括三层含义：其一，明确。激励的目的是需要做什么和必须怎么做；其二，公开。特别是分配奖金等大量员工关注的问题时，更为重要；其三，直观。实施物质奖励和精神奖励时都需要直观地表达它们的指标，总结和授予奖励和惩罚的方式。直观性与激励影响的心理效应成正比。

五、良好的合作

团队合作，是一种为达到既定目标所显现出来的自愿合作，和协同努力的能力。良好的团队合作必须要做到以下几点。

（1）团队合作需要建立信任。信任就像楼房的地基，是团队建设中最首要、最根本的基石。任何一个成功的团队都是充满信任的团队，团队中的信任气氛，能使团队成员心情愉快、工作效率高。如果团队中充满了猜忌怀疑，那么一切将无从谈起。

（2）团队合作需要保持沟通。良好的理解和沟通能大大提高团队的效率，团队可建立沟通协调制度，例如团队建设、例会等。此外个体也可从积极倾听、及时反馈、换位思考、注重非语言沟通提高自身沟通能力。

（3）团队合作需要一定的执行力。执行力其实就是团队凝聚力的体现，也是"将任务转化为结果的一种能力"。团队首先要创建强执行力的文化，且领导管理人员要以身作则，尽可能的强化制度简化流程，使制度流程便于理解便于执行，同时对团队成员奖惩分明。此外，个体可通过抓住关键点、合理规划安排、积累工作方法等措施提高自身执行力。

任务实操 4-3-1

结合自身实际，评估并提升个体在团队合作方面的能力（见表 4-7）。

表 4-7　评估并提升个体在团队合作方面的能力

维　度	自　我　评　估	分数（1~10分）	提　升　措　施
信任	自己是否能让他人产生信任感？		
沟通	在团队中是否敢于表达自己看法？且清晰无误的表达？		
执行力	每次团队合作中自己是否都付诸行动？有无逃避任务？		

知识点拨

托育机构保教团队的建设

一、托育机构师资现状

目前托育机构保教队伍建设十分薄弱,据陈敏等学者在 2021 年收到的 531 份托育行业人员调查问卷,发现:

1. 托育从业人员总体数量严重紧缺

我国 3 岁以下婴幼儿约 5000 万人,考虑到大多集中在城镇地区,按照城镇人口占 60% 计算,服务人口规模约有 3000 万人,再考虑约 35% 的家庭需求,需求量约为 1000 万人。按师幼比 1:5 测算,托育从业人员需求约 200 万人。但据职业教育诊改网资料显示:目前早期教育专业在校生为 17055 人,应届毕业生 3276 人;幼儿发展与健康管理专业在校生 45554 人,应届毕业生 3149 人,幼儿发展与健康管理专业因开办时间不长,毕业生总体数量十分有限。可见,专业人才培养数量与托育师资需求之间存在巨大的缺口。

2. 托育从业人员专业背景欠佳

我国托育机构从业人员的专业背景大致分为四类:学前教育专业、早期教育专业、医学专业(儿科或护理)、育婴师短期培训。调查发现,托育机构从业人员中 43.31% 为早期教育专业背景;42.94% 为学前教育专业背景;医学相关专业背景的占 2.45%;还有 11.3% 为其他专业背景(如心理学、教育学、小学教育、中文等)。非专背景的教师缺乏 0~3 岁婴幼儿卫生营养知识、保育教育能力、亲子活动设计能力,难以完全胜任托育工作任务。

3. 专业能力薄弱,职后培训机会较少

国家卫生健康委于 2019 年的调研发现:由于外部培训费用高昂,婴幼儿照护人员享有的培训主要为机构内部培训,可获得的外部专业培训机会非常匮乏,仅有 13.38% 的照护人员参与外部专业机构或者政府部门提供的相关培训。且培训内容也主要是由卫生保健院为保育员和保健员提供的安全卫生方面的培训,与婴幼儿教育和家庭教育指导相关的培训很少;此外,专业培训多为短程的集中性教学,在理论水平以及实践能力的提升上作用非常有限。

4. 托育教师稳定性差

一般托育机构为民办园所,工资待遇普遍不高,平均月薪 2000~4000 元,不管是民办机构还是公办附属机构教师均为合同制,流动性大,稳定性差。且调查发现托育教师的就业年限都非常短,69.87% 的教师从事本职业也仅有 1~3 年的时间,从业年限 4~5 年的教师仅占 9.79%;从业年限 6~10 年的占 10.55%;从业年限 11 年及以上的占 9.79%。

二、托育机构团队的建设策略

1. 国家教育行政部门增设托育相关专业,完善人才培养体系

目前,根据教育部关于最新职业教育专业目录的通知,我国将在 2021 年首次建立从中专的婴幼儿托育专业、专科婴幼儿托育服务与管理到本科层次的婴幼儿发展与健康管理专业以及专科和本科层次的早期教育专业,这些不同层次托育相关专业的设立标志我国将建立完善的托育专业人才培养体系。

2. 建立完善的托育从业人员职后培训体系

2021 年 8 月国家卫生健康委办公厅关于印发托育机构负责人培训大纲(试行)和托

育机构保育人员培训大纲（试行），托育机构在严格遵守行业培训制度的同时，要积极开展在职培训、学习、进修等活动。

3. 以人为本，提高托育工作人员薪资待遇

管人要管心，管心要知心，知心要关心，关心要真心。一颗真诚的心无论是工作还是生活都是十分重要的，托育机构应采取人性化的管理方式，努力营造积极、宽松、和谐的工作氛围，留住人才。例如，帮助新进员工成长，给予成熟员工信任，予以资深员工尊重。

此外，有关部门也应尽快制定托育从业人员最低工资标准、岗位晋升制度、职称评聘制度，落实托育人员的社会保障机制。托育机构可为工作人员缴纳足额的"五险一金"，提供优厚的福利待遇，如节日、生日福利、带薪年假、健康体检等。

任务实操 4-3-2

小组讨论，面对先导案例的困境，制定师资团队建设策略。

巩固提升

搜集资料，查找一所成功运营的托育机构，从托育机构资源管理与团队建设方面分析其独到的管理方式。

拓展资源

1. 婴幼儿发展引导员、保育师的职业技能标准。（2021年12月2日人力资源社会保障部办公厅颁布网约配送员等18个国家职业技能标准）

2. 托育机构保险—托育机构责任险。

扫码学习 4.2　婴幼儿发展引导员职业技能标准

扫码学习 4.3　保育师的职业技能标准

扫码学习 4.4　托育机构责任险

考核评价

班级_____ 组别_____ 姓名_____ 学号_____ 日期_____ 评价项目_____

评价阶段	评价内容	分值	佐证材料	学生自评	小组互评	教师评价	平台数据
课前自学	"扫码学习"完成度	10	平台数据				
	自学自测	10	是否完成测试题				
课中实训	任务实操 4-1-1	10	实操任务完成情况				
	任务实操 4-1-2	5	实操任务完成情况				
	任务实操 4-2-1	10	实操任务完成情况				
	任务实操 4-2-2	5	实操任务完成情况				
	任务实操 4-3-1	10	实操任务完成情况				
	任务实操 4-3-2	10	实操任务完成情况				
	素质目标达成情况	5	是否具备对婴幼儿的仁爱之心				
		5	是否具备终身学习的理念，不断提高自身素质				
课后提升	巩固提升	10	完成课后练习				
	拓展资源完成度	10	平台数据				
合计		100	教师签名				
项目得分							

评价说明：在本项目完成之后，由任课老师主导，采用过程性评价与结果评价相结合，综合运用自我评价、小组评价和教师评价三种方式，由教师确定三种评价方式分别占总成绩的权重，计算出学生在本项目的考核评价得分。（平台数据完成的打√；未完成的打×）

项目五
托育机构课程管理与园本教研

项目概述

随着科学的婴幼儿教育观念的宣传和实践，具备条件的托育机构根据自身实际编制的园本课程不断涌现，各种课程方案的教育观念不断更新，观念与实践之间的联系也不断密切，课程的科学性、系统性、开放性及适应性不断增强。本项目重点学习托育机构课程管理与园本教研，通过实操练习掌握现代婴幼儿教育的理念，把握课程管理和园本教研的一些核心要素，体会课程管理和园本教研实施的现实进程，提高托育工作者开展园本课程的建设能力和园本教研的综合能力。

学习目标

素质目标

1. 加强对课程的一些核心要素的关注力度。
2. 强化托育工作者的责任心与职业道德。

知识目标

1. 了解课程管理和园本教研的相关概念。
2. 熟悉课程管理和园本教研的理念与体系结构。
3. 掌握婴幼儿课程的有效资源管理方法。
4. 掌握园本教研成果在一日生活中的运用。

能力目标

1. 具备一定课程建设的经验和能力。
2. 能够在日常婴幼儿照护中进行有效的教学实践。
3. 能够产生积极地婴幼儿教育成效。

案例导入

田甜是一位托育专业大学生，因为喜欢孩子，她选择了这个专业并进入托育机构。看着托育机构的课程表，她忽然感觉有些茫然，在她看来，托育专业主要就是照顾婴幼儿的生活，让他们健康快乐地成长。托育工作者的工作仅仅是保持婴幼儿的环境卫生，照顾婴幼儿的起居吗？带着疑问，田甜开始跟班管理并通过认真观察学到了很多。

课前自学

阅读卡片

什么是课程

一、课程没有统一的定义

关于课程的定义可谓众说纷纭,莫衷一是。因为不同的教育思想、教育理论或不同的教育视觉与侧重点,对课程的认识和理解都不同。如果侧重教育目标的话,就把课程作为教育要达到的一组行为目标或预期的学习结果;侧重教育内容的话,就把课程定义为组织起来的教育内容;侧重教育过程的话,课程就被定义为学习的进程或学习的过程与经历。

二、课程是一个发展的概念

随着教育思想的发展和教育实践的不断深化,课程概念也随之动态的变化,不断地深化与丰富。对课程的认识从狭义的理解逐步转变到更加广义的理解,从片面的、局限的、表层的、机械的理解转变的更加全面的、整体的、深远的、人本的理解。所以对于课程的定义,也就出现了越来越多的共识。大多数课程研究者基本认同"课程是指在托育人员指导之下出现的学习者学习活动的总体"。

三、托育机构课程

托育机构课程要尊重婴幼儿学习游戏化、生活化的特点,强调通过环境、通过互动进行教育,高度重视婴幼儿的直接经验、体验和实际操作。只有这样的课程才符合幼儿的实际,才符合托育机构课程的含义。即不论是托育工作者专门组织的活动,还是婴幼儿自选或自发的各种游戏活动,日常生活活动等,都是托育机构课程的组成部分。

阅读卡片

托育机构课程的特点

我们国家对托育机构的课程没有硬性的统一要求,也没有统一的教学规定,托育机构在课程的选择方面具有较大的自主权。

托育机构课程的主要特点有以下几个。

一、遵循婴幼儿生活的逻辑

遵循婴幼儿生活的逻辑是托育机构课程设计与编制的一大特征,托育机构的课程不是按学科的知识逻辑来编制的,而以婴幼儿生活为基础,以婴幼儿的兴趣需要为出发点,从婴幼儿生活中发掘有教育价值的事件、现象、问题等,把它转化为课程内容和有意义的课程活动,引导婴幼儿在生活中发展,在发展中生活。

二、融于婴幼儿一日生活之中

婴幼儿阶段的发展课题是培养良好的生活、卫生习惯，学习自己照顾自己，在身体、认知、情感、社会性以及沟通等方面获得一定的发展，这些必须直接在生活中去做、去体验才能学会。生活是婴幼儿学习的途径，也是学习的内容，婴幼儿通过生活来学习。

三、以游戏为基本活动

托育机构课程常常以游戏的形式呈现，婴幼儿的游戏又常常生成课程。在游戏的过程中，婴幼儿经常在生成新的活动中获得新的经验。课程以游戏为基本活动形式，并不是说所有的课程活动都是游戏形式，比如生活活动、科学探究等也必须体现婴幼儿的自由、自主、创造、愉悦等游戏特征，把游戏的理念和精神渗透进去，让活动变得生动有趣，婴幼儿乐于参与。

四、以获得直接经验为主

托育机构课程让婴幼儿以获得直接经验为主，这是因为婴幼儿主要是通过感官来认识环境中的事物，其思维方式也是具体形象思维。因此只有通过各种感官真实的、直接的接触事物、亲身体验、动手操作，婴幼儿才能不断地积累经验，获得真知。

作为课程主要实施者的托育人员具有课程的决策权、设计权和实施权，应充分发挥主体性，通过渗透和整合、借鉴和传承、丰富与创新等多种方式，努力挖掘课程的生长点，不断与婴幼儿一起建构和拓展课程内容。

阅读卡片

什么是园本教研

一、园本教研由来

要想更好地认识园本教研，首先要了解它从哪里来、要往哪里去，即园本教研的由来和发展。园本教研起源于中小学的校本教研，是在此基础上发展而来。它是以幼儿园面临的保教实际问题为对象，幼儿托育人员为主体的教育教学活动。由此可以看出研究主体是托育人员，研究对象是保教中的问题。

二、园本教研制度

制度的创建要有一定的构建思路，由谁负责，建立什么样的制度，如何进行评价。园本教研要完善组织、目标、激励、服务等机制来规范管理，加强对托育人员的专业引领。在建立园本教研制度时要有一定的注意事项，要本着避免泛制度化、体现园本特色的原则。

三、园本教研形式

园本教研的形式是园本教研活动组织开展的方式，常见的园本教研活动有三种类型：学习型教研、课例研讨型教研和课题研究型教研。其中学习型园本教研以学习为主线，通常采取文本阅读、对话交流、专题研讨与学科沙龙等多种形式；课例研讨型园本教研以教学为主线，常采用的形式是一课多轮式、同课异构式、一人多次上活动等形式；课题研究型园本教研是指以研究为主线，以小课题为载体，围绕一个专题而展开的系列活动，通常也会有相应研究成果的呈现。

四、园本教研影响因素

园本教研的影响因素有很多，自我反思、同伴互助、专业引领构成了园本教研的要素，同时也反过来影响着园本教研。影响园本教研的因素可分为积极因素和消极因素，教研的计划性、主题、教研氛围、托育人员的主体性、积极性、兴趣都会影响教研的有效性。

五、园本教研反思

反思是基于实践，在实践中进行，并以改善实践为目标的，包含对幼儿的反思、对课程的反思、对自身的反思。反思从形式上可以划分为内隐反思和外显反思；从主体上分为个体反思和群体反思；从过程中分为实践中反思和实践后反思。教学反思是在教学前、中、后进行反思。

六、园本教研方法与评价

园本教研活动主要是行动研究，最容易实施且最有效的方法就是行动研究法，这是一种以解决某一实际问题为导向的现场研究方法，以实践经验为基础，具有动态性。基本程序分别是：首先提出问题；其次分析问题，拟定整体方案，制订具体计划，再实施行动；最后还有反思总结。

阅读卡片

园本教研的策略

常见的有效推动园本教研的策略有以下几种。

一、以课题研究为龙头

基本架构是以课题研究为龙头，以案例研究为手段，以同伴互助和专业引领为保障。面对托育人员的实际发展需要，指出要实现工作方式、研究内容以及工作条件的多元化。

二、建立规范的教研制度

建立规范的教研制度是提高园本教研有效性的保障。建立以园为本的幼儿园教研制度对园本教研开展的时间、地点、参与人员以及不同人员所应承担的角色和责任等做出相应的规定，可以切实保障园本教研有序开展。

三、塑造权威

塑造权威是引领园本教研的策略。权威的塑造除了需要教研主体们不断提高自己的专业知识与能力，形成个人的专业优势外，还需要创设开放情境，营造和谐的对话氛围；转变教研形式，提供对话平台；建立多态评价等途径来纠正权威的异化。

课前自测

一、填空题

1. 填写表 5-1 托育机构课程的特点和表 5-2 园本教研的策略。

表 5-1　托育机构课程的特点

特　　点	具　体　内　容

表 5-2　园本教研的策略

策　略　类　别	具　体　内　容

2. 托育机构课程尊重婴幼儿学习的_____、_____特点，强调通过_____、通过_____进行教育，高度重视婴幼儿的_____、_____和_____。

3. 托育机构课程让婴幼儿以获得_____为主，这是因为婴幼儿主要是通过_____来认识环境中的事物的，其思维方式也是_____具体形象思维。

4. 园本教研的形式是园本教研活动组织开展的方式，常见的园本教研活动的三种类型：_____、_____和_____。

5. 园本教研要完善_____、_____、_____、_____等机制来规范管理，加强对托育工作者的专业引领。

二、判断题

1. 托育机构课程管理就是教材的选择、组织与实施管理。（　　）

2. 课程以游戏为基本活动形式，并不等于说所有的课程活动都是游戏形式。（ ）

3. 园本教研活动最容易实施且最有效的方法就是行动研究法，基本程序分别是，提出问题—分析问题—拟定整体方案—定具体计划—实施行动—反思总结。（ ）

项目五课前自测答案

课中实训

实训目标

1. 能够了解托育机构课程管理的主要内容。
2. 能够掌握课程管理时注意的问题。
3. 能够掌握园本教研的相关知识要点。
4. 培养严谨的科学意识和条理细致的学习态度。

实训条件

项目五实训条件如表 5-3 所示。

表 5-3　项目五实训条件

名　称	实　施　条　件	要　　求
实训环境	理实一体化教室	校园网无线 Wi-Fi，可在线观看线上资源
物品准备	① 签字笔； ② 记录本（活页）； ③ 手机或平板电脑等录音录像设备； ④ 投影仪或一体机	案例材料充足，满足学生需求
知识准备	① 初步了解关于托育机构课程的相关知识； ② 初步理解托育机构园本教研的要求； ③ 初步具备一定的合作理念和创新意识	理解相关知识点

实训步骤

1. 明确课程目标管理的基本要求。
2. 熟悉课程内容选择管理的相关知识。
3. 学习梳理园本教研的相关知识。
4. 运用所学有效开展托育机构园本教研。

项目五 托育机构课程管理与园本教研

任务一　认识托育机构课程管理

情境导入

在案例导入中，田甜在跟班管理时通过观察还发现，本班婴幼儿的小肌肉动作发展比较迟缓，大多数幼儿手指动作不灵活，不会用剪刀，手眼不协调等。于是，她在每日活动中增加了剪纸、夹珠子、编织等有针对性的活动，在日常生活中也注意给予幼儿更多的锻炼小肌肉的机会，如让幼儿练习扣纽扣、系带子等。这样，通过一段时间的努力，班里幼儿小肌肉的力量与灵活性有了较大提高。

任务提示

1. 如何进行课程目标的拟定？
2. 了解课程目标的层次与结构。
3. 课程目标管理的基本要求有哪些？
4. 课程内容的选择管理中要注意哪些问题？
5. 把握课程内容选择的基本要求。

知识点拨

托育机构课程目标管理

在加强课程管理时，托育人员要了解婴幼儿的生理与心理特点，以及婴幼儿个体的学习兴趣、能力水平，明确班级婴幼儿能力发展的目标，在此基础上针对班级婴幼儿开展相应的活动，创设富有班级特色的"班本课程"。

班级托育人员在进行课程管理时，首先要进行课程目标的确定。因此，托育人员需要结合班级婴幼儿的兴趣、年龄特点制订合适的课程计划，如班级主题活动、半日活动计划等，做到"计划先行"。但计划并非一成不变，托育人员也可根据婴幼儿的兴趣做适当调整，创设一些生成活动，对活动进行即时评价，从活动目标、组织教学的策略、婴幼儿的兴趣等多方面进行反思。

微课：托育机构课程目标管理

一、课程目标的拟定

托育机构课程目标是托育工作者对婴幼儿在一定学习期限内学习效果的预期。它是托育机构教育目的的具体化。在课程设计中，目标起着非常重要的导向作用，既是课程设计的起点，也是课程设计的归宿。

教育目标具有不同的层次，高一层次的概括性目标必须转化为低一层次的具体目标才可能实施。教育实践中，经过分解的具体目标，直接决定着教育活动内容的选择与组织实施。

1. 课程目标的层次

课程目标的层次是把课程目标按照一定的维度在纵向上进行一定的划分，使之由抽象宏观趋于具体微观，更好的发挥目标的"导航"作用，保证我国教育目的逐层具体化、逐层落实到婴幼儿的发展上。一般来说，课程目标可划分为四个层次，即课程总目标、年龄阶段目标、月（或周）计划以及具体某一教育活动目标。

2. 课程目标的结构

课程目标的层次是从婴幼儿的年龄和发展水平的维度来探讨课程目标的构成。课程目标的结构则是从婴幼儿心理结构的维度和教育内容的维度来探讨怎样将课程目标进行分类。课程目标的分类有多种方法，美国教育家布鲁姆以人的身心发展的整体结构为框架，将教育目标分成认知、情感、动作技能三个领域，被人们广泛采纳。

布鲁姆的目标分类为我们拟订托育机构课程目标提供了一个较为全面的框架。在课程实施中，我们不仅要促进婴幼儿在认知方面的发展，还要促进他们在情感、动作技能等方面的发展，而且这三个方面是互相渗透互相联系、互相促进的。

二、课程目标拟定的基本要求

从宏观上来说，制定托育机构课程目标是一项系统性的工作。它需要综合考虑方方面面的因素，如对婴幼儿现实发展水平和理想发展水平的了解，使课程目标适宜于婴幼儿的兴趣、需要、能力，最大限度地促进婴幼儿的发展；了解社会对婴幼儿成长的期望和要求，使幼儿园生活能够为幼儿积极适应未来做准备；对人类知识的了解，哪些是婴幼儿应该学习的，如何最大限度地发挥知识的价值。

从微观上来说，我们主要参与的是单元活动目标或月计划目标和具体教育活动目标的制定，因此需要把握托育机构课程目标制定的基本要求。

1. 要有机整合

当我们拟订近期或具体的教育目标时，首先要充分挖掘活动本身所蕴含的教育价值，思考它能促进婴幼儿哪些方面的发展。不宜只就某一学科提出单一的目标。

一般来说，目标的整合可以通过两种方式来实现。其一，目标尽量涵盖婴幼儿在五大领域获得的发展，不宜只就某一领域提出目标。其二，目标要能够促进婴幼儿认知情感和态度、动作和技能的全面发展，不宜只就某一方面提出目标。

2. 要明确具体

目标的层级不同，其内涵阐述的方式都是不同的。越是上位的目标越宏观、笼统概括，反之则越微观、明确具体。如果教育目标笼统含糊，就无法在教育活动中真正地贯彻与落实。目标要具体明确，容易落实。与此相对，在制定的教育目标中，我们常常见到这种现象：有时候目标不能就具体的活动，清晰而明确地陈述婴幼儿应获得的某方面、某层面认知策略及某种能力的发展，而是笼统提出"鼓励婴幼儿大胆作画，发展想象力""发展口语表达能力""发展动手能力""培养婴幼儿合作精神""培养婴幼儿活泼开朗的性格"等。能力的培养不是一朝一夕的事情，需要长期的教育与影响。因此上述几种描述只适合于长期教育目标，而不适合于具体教育活动目标。

3. 要符合婴幼儿的实际

目标拟订要依据本班婴幼儿的实际。只有在研究和把握本班婴幼儿身心发展的实际水平、发展需要和可能性的基础上，才能确定婴幼儿进步发展的潜力方向和步伐。因此，教师要观察、了解婴幼儿发展的现状及内在需要，使教学目标处于婴幼儿的最近发展区内，促进婴幼儿由潜在发展水平向现实水平过渡。

另外，在一个活动中，拟定的目标容量不易过大。由于婴幼儿之间的能力、态度认知等方面存在很大的差异，教育目标不仅要满足大多数孩子的发展需要，还要照顾到个别婴幼儿。

4. 要及时调整目标

由于婴幼儿所具有的生活经验各不相同，他们的兴趣与需要也往往与目标预想的不完全吻合，因此要根据活动过程中对婴幼儿的观察了解，发现目标拟定的过高或过低等情况，就要及时、灵活的调整目标。

任务实操 5-1-1

列表梳理课程目标管理的相关要求，填入表 5-4。

表 5-4 课程目标管理的相关要求

托育机构课程目标管理	具 体 内 容

知识点拨

托育机构课程内容管理

课程目标确定之后，面临的另一个问题是：选择什么样的学习内容作为实现课程目标的载体。如果说课程目标解决的是为什么学、为什么教的问题，课程内容则解决的是学什么、教什么的问题。课程内容的建构应综合考虑社会的期望与要求、婴幼儿身心发展的特点与规律，并要以终身学习、可持续发展为指导思想，科学选择，合理安排，以有利于促进婴幼儿全面、生动活泼地得到发展。

一、课程内容的选择

人类的文化浩如烟海，特别是在信息爆炸的今天，知识迅速增长。那么婴幼儿究竟应该学些什么？他们能够学些什么？哪些学习内容有利于他们的终身发展，使他们学会做事、学会做人、学会生存？根据学前教育目标和婴幼儿的年龄特点，托育机构课程内容主要包含以下四种基本成分。

1. 学习粗浅的知识经验

对于婴幼儿来讲，学习关于周围生活的粗浅知识，不仅能帮助婴幼儿认识自己生活的环境，还能适应环境，发展自我，如避开危险、遵守规则、节约资源等。同时知识还是培养婴幼儿能力，形成良好的情感、态度的载体。离开知识的学习、能力情感态度的提高与培养就会成为无源之水，无本之木。

那么,什么样的知识适合婴幼儿?什么样的知识具有发展价值?有关研究表明:零碎的、偶得的、琐碎的知识不具有发展价值,而系统化知识能引起婴幼儿思维活动变化,使之形成掌握知识的新方法。因此,深入评定各种知识,找到知识间的联系,利用婴幼儿已有经验,使知识系统化,这是保证知识发展价值的手段。

2. 掌握知识技能和经验

做事情一定要掌握好方式方法,方法对了则会"事半功倍"。婴幼儿大大小小的诸多活动,构成了一日生活和学习活动。从大的方面说有生活活动、学习活动、游戏活动,具体来说又可以分解为许多小活动,如交往、睡眠、进餐、观察、交流、手工、体育运动等。每种活动都有一定的方式方法,方法对了,做事就会游刃有余。

婴幼儿需要了解和掌握的基本活动方式往往存在于他们经常进行的活动中,即在交往中学会交往,在劳动中学会劳动,在游戏中学会游戏,在观察中学会观察。保育师只要具备这样的意识,就能抓住时机,充分发挥活动的各项价值。

3. 发展解决问题的能力

古人说:"授人以鱼不如授人以渔。"能力是顺利完成活动的一种必备的心理条件。婴幼儿能力的发展是在"做中学"的过程中实现的。例如,交往能力是在交往的过程中发展起来的,表达能力是在运用语言的过程中发展起来的,因此教师要创造条件,鼓励婴幼儿从事游戏、艺术创作、实验、观察交往等活动,在活动中促进婴幼儿能力的发展。

认识能力的核心是思维能力。"问则疑,疑则思"。婴幼儿的思维能力在解决问题的过程中表现出来并得到发展。婴幼儿对于知识的理解和掌握离不开成人的告知,但更多的是通过与周围事物直接接触,在对事物的直接感受操作和自身的积极活动中获得的。

4. 形成良好的情感态度

情感是人对客观现实态度的体验,它反映了客观事物与个体需要之间的关系,具体表现为爱憎好恶、哀乐等。它是人类特有的高级而复杂的体验。积极的情感是个体发展的持续动力。在学前期,学习自信心、责任感、独立性、合作精神、友好、尊重、同情等都是应着重培养的情感态度。

那么如何培养婴幼儿良好的情感、品质呢?原则上讲情感态度不是"教"出来的,它是伴随着活动的一种体验,类似的体验积累多了,就形成了比较稳定的倾向性。因此创设良好的情境,是幼儿阶段培养良好的情感、品质的有效途径。

二、课程内容选择的基本要求

在选择课程内容时,我们必须要判断什么样的知识对于婴幼儿的全面发展是有益的、必要的。

1. 包含多样性知识技能

课程内容是多形态的、不同性质的知识组成的。除了已有的结论性知识技能外,还应具有应用性、过程性、实践性的知识。但也不是要灌输给幼儿的一堆"客观知识",而是要把幼儿的兴趣、经验、体验、需要等放在第一位。

2. 具备灵活性和生成性

也就是说应当在活动过程中随机变化,要重视鲜活的婴幼儿生活和社会生活所提供的新鲜素材,要重视婴幼儿实际情况或活动情况的变化发出的种种信号。

3. 可以满足婴幼儿发展需要

也就是说课程内容既要符合课程目标，又要满足婴幼儿身心各方面（身体、认知、语言、动作、社会性、情感、创造力等诸方面）全面而和谐发展的需要。课程内容必须符合婴幼儿的年龄特征、学习特点、经验水平、认知能力，既要符合婴幼儿已有的经验水平，应该立足于婴幼儿的已有经验，又要指向其最近发展区，具有一定的挑战性。

4. 可作为未来学习与发展必备的基础

课程内容既是婴幼儿现实所必需的，又是其未来学习与发展必备的基础，婴幼儿在游戏中必不可少的知识、技能、态度、行为习惯等，比如自我保护的安全知识、与同伴友好相处及其交往的方法、收拾玩具等生活自理技能、喜欢集体生活及其必要的规则等；再如婴幼儿阶段如果生长发育不好、没有养成好的生活习惯、没有自己的学习兴趣、缺乏主动的态度等明显会影响后期的学习与发展，因为这些内容是未来发展必备的基础。

任务实操 5-1-2

搜集资料，小组讨论，如何为婴幼儿选择有价值的课程内容？

任务二　掌握托育机构园本教研管理

情境导入

案例导入中，田甜在托育机构实习工作，观察托育园一日生活保育工作，从婴幼儿入园开始到照顺孩子们的一饮一食、午餐、如厕，直到送幼儿们离开托育园。一天下来，既要照顾婴幼儿的吃、喝，还要协助做些打扫卫生，工作繁杂琐碎，田甜有时觉得没有头绪。婴幼儿生活活动应该如何有序实施？又该如何贯彻"保教结合"的思想呢？这些疑问都可以通过有效的教研活动得到解决。

任务提示

1. 理解园本教研的内涵。
2. 掌握园本教研的特点。
3. 把握园本教研的常见形式。
4. 如何有效推进园本教研。

知识点拨

托育机构园本教研

一、托育机构园本教研的内涵

我国学者对于园本教研的定义大致如下：园本教研是一种"以园为本"的、"基于问题"的学习与教学研究的组织形式。园本教研是以托育园为研究基地，以办园质量的提升为目标，以解决托育园实际问题为起点，选择切实可行的研究方法进行的教育科研实践活动。

微课：托育机构园本教研

基于以上观点，我们认为托育机构园本教研是在托育园内开展的，以托育人员为研究主体，以托育人员在教育教学实践中所遇到的真实问题为研究对象，旨在促进托育人员专业发展，提高托育园所保育质量的研究活动。

二、托育机构园本教研的特点

托育机构园本教研是一种以托育园所为本的教育教学研究，以解决问题为中心的基于行动的园本教研，以在托育园为本。园本教研的研究主体为托育人员，研究对象是托育人员在婴幼儿照护中遇到的真实问题。

1. 园本性

托育园进行教育教学研究必须立足本园实际，出发点是婴幼儿照护实践中产生的问题，通过全体托育人员积极参与共同讨论研究，目的是解决问题，提高托育机构的保育教育质量。园本教研是紧紧依附于托育机构而产生的。传统教研与园本教研的比较如表 5-5 所示。

表 5-5 传统教研与园本教研的比较

项 目	传 统 考 研	园 本 考 研
取向	行政取向传	专业取向
路径	自上而下、重理论	自下而上、重实践
关注问题	个别问题	共性问题
组织形式	单一性	多样性
评价指标	是否完成上级布置的任务	是否解决实际问题

2. 主体性

托育人员是园本教研的主体，园本教研是托育人员学习、工作、研究三位一体的活动，主要有托育人员、保育群体、托育专业研究人员三个基本要素构成，三者缺一不可。专业研究人员可以是专家、有经验的保育师、教研员。园本教研三大要素如图 5-1 所示。

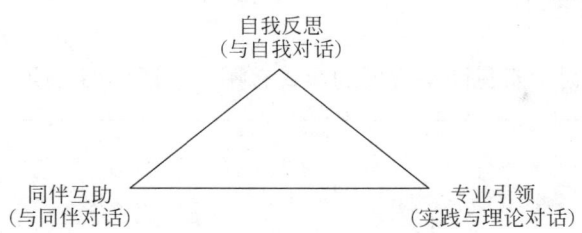

图 5-1　园本教研三大要素

3. 实践性

园本教研的发生根植于婴幼儿照护中的实践问题，以教育实践为基础，通过对实践问题的研究解决问题，从而改进教育实践。从这个过程来看，园本教研是一个基于实践、通过实践、为了实践的行动过程，实践是贯穿整个过程的主线。

4. 参与性

园本教研要遵循人人参与的原则，包括教研活动之前的参与、教研过程的参与、教研结束后的参与，也就是从问题收集，到问题研讨以及问题解决后的反思调整。

任务实操 5-2-1

列表梳理园本教研的相关特点，填入表 5-6。

表 5-6　园本教研的相关特点

托育机构园本教研的特点	具 体 内 容

知识点拨

托育机构园本教研形式

传统的教研形式一般有两种：听课—说课—评课教研和案例式教研。现今常见的有五种常见的园本教研形式：小专题型、学术沙龙型、课例研讨型、网络平台型、笔耕不辍型。

扫码学习 5.1　托育机构园本教研形式　　　扫码学习 5.2　园本教研的要点

任务实操 5-2-2

搜集资料，小组讨论常见园本教研的形式有哪些，请详细说明。

巩固提升

一、填空题

1. 一般来说，课程目标可划分为_____、_____、_____和_____四个层次。
2. 美国教育家布鲁姆以人身心发展的整体结构为框架，将教育目标分成_____、_____、_____三个领域，被人们广泛采纳。
3. 托育机构园本教研是在托育园内开展的，以_____为研究主体，以_____为研究对象，旨在_____的研究活动。
4. 传统的教研形式一般有两种：听课—说课—评课教研和案例式教研。现今常见的园本教研形式有_____、_____、_____、_____、_____五种。

二、判断题

1. 托育人员要结合班级婴幼儿的兴趣、年龄特点制订合适的课程计划，做到"计划先行"，计划一旦实施就不能改变。（　　）
2. 在课程实施中，要促进婴幼儿在认知、情感、动作技能等方面的发展，而且这三个方面是互相渗透、互相联系、互相促进的。（　　）
3. 园本教研要遵循人人参与的原则，包括从开始问题的收集，到问题的研讨以及问题解决后的反思调整。（　　）

拓展资源

扫码学习 5.3　课程内容的组织管理

扫码学习 5.4　课程内容选择的基本要求

扫码学习 5.5　有效开展园本教研

✦ 考核评价

班级_____ 组别_____ 姓名_____ 学号_____ 日期_____ 评价项目_____

评价阶段	评价内容	分值	佐证材料	学生自评	小组互评	教师评价	平台数据
课前自学	"扫码学习"完成度	10	平台数据				
	自学自测	10	是否完成测试题				
课中实训	任务实操 5-1-1	15	实操任务完成情况				
	任务实操 5-1-2	10	实操任务完成情况				
	任务实操 5-2-1	15	实操任务完成情况				
	任务实操 5-2-2	10	实操任务完成情况				
	素质目标达成情况	5	是否具备课程探索意识,理论指导实践				
		5	是否养成严谨细致的学习态度				
课后提升	巩固提升	10	课后练习完成度				
	拓展资源	10	平台完数据				
	合计	100	教师签名				
	项目得分						

评价说明:在本项目完成之后,由任课老师主导,采用过程性评价与结果评价相结合,综合运用自我评价、小组评价和托育人员评价三种方式,由托育人员确定三种评价方式分别占总成绩的权重,计算出学生在本项目的考核评价得分。(平台数据完成的打√;未完成的打 ×)

项目六
托育机构班级管理

项目概述

作为托育机构的基本单位,班级好比托育园所的"细胞",组织虽小却扮演着重要的角色,其管理成效与婴幼儿的发展密切相关。通过对本项目的学习,可以了解班级管理的基本理论知识,掌握托育机构班级管理的原则和方法,本项目重点学习托育机构班级管理的相关知识、托育机构班级一日常规管理与托育机构班级信息管理。了解托育机构班级管理的基本理论知识,更新教育观念,运用班级管理理论分析班级管理中的问题,提高托育机构管理团队素质和水平,促进婴幼儿全面健康发展。

学习目标

素质目标
1. 加强班级管理的安全意识。
2. 强化托育人员的责任心与职业道德。
3. 在日常班级管理工作中培养前瞻性思维。

知识目标
1. 了解班级管理的意义。
2. 掌握托育机构班级管理的内容。
3. 掌握托育机构班级管理的原则。
4. 掌握托育机构班级管理的方法。

能力目标
1. 能够把握托育机构班级管理的内容。
2. 能够运用托育机构班级管理的方法。
3. 能够运用托育机构班级管理理论分析班级管理中的问题。

案例导入

托育机构班级管理的误区

田甜是一位托育专业大学生,来到托育机构后,对自己的职业发展有着满腔的热情。

托育机构的负责人也对她寄予厚望，让她负责一个班的班级管理工作，有好心的同事告诉她有关班级管理的一些认识：班级管理就是保育人员的事情，与家长无关；班级管理就是安全管理，婴幼儿不出事儿就可以了；照顾婴幼儿不用多高的文化水平；托育机构的班级管理没什么，不需要什么管理技能，等等。听到这些，田甜陷入了沉思，同事为什么会有这样一些认识误区呢？

课前自学

阅读卡片

什么是班级

班级是托育机构的基本组织单位，是婴幼儿共同生活、学习和开展活动的场所。

一般来讲，所谓班级其实包括两个方面："班"和"级"。"班"是指一群人组成的集体，而这群人是同一"级"的；"级"有指学生的发展水平之意。"班"和"级"是统一的，"班"是由于"级"而产生的，"级"是"班"的依据。

托育机构主要招收0~3岁的婴幼儿，根据婴幼儿的年龄分班进行班级管理，也有托育机构采取混龄班的形式开展婴幼儿教育。不管是哪种形式的分班，都是开展保育活动的基本单位，是托育机构班级管理的对象。

阅读卡片

托育机构班级的结构

认识和理解托育机构班级的结构是有效进行班级管理的前提。

一、人员结构

班级的人员主要包括保育人员和婴幼儿，两者在一日生活中相互交往，共同参与活动，形成平等的人际交往关系，同时家长也会不同程度的参与到班级的管理当中。家长和保育人员以促进婴幼儿的发展为共同目标联系在一起，只有家长和保育人员通力合作，才能使婴幼儿保育活动顺利进行。

二、组织结构

组织是人们按照一定的目的、任务和形式编制起来的社会集团，组织是社会的细胞，社会的基本单元。托育机构的班级是一个小的正规的社会组织，由固定的人员、共同的目的、常规制度组成，班级人员为达成目的而协调组合各方面的要素。班级的组织结构一般有三种形式：班集体、小组和个体。

三、物质结构

物质结构是指托育机构为了保障班级活动的顺利开展所需要的活动空间、活动设备设施、物质材料等物质环境，它是班级管理的物质基础，在一定程度上影响班级管理的效果。主要由空间条件（房舍与场地条件）、活动设施设备和物质材料三个方面构成。

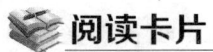 阅读卡片

托育机构班级的功能

《托育机构保育指导大纲（试行）》要求托育机构保育工作应当遵循婴幼儿发展的年龄特点与个体差异，通过多种途径促进婴幼儿身体发育和心理发展。保育重点应当包括营养与喂养、睡眠、生活与卫生习惯、动作、语言、认知、情感与社会性等。

班级是托育机构的基层组织，对婴幼儿的健康成长起着良好的促进作用。班级的功能主要有以下三个方面。

一、生活功能

班级为婴幼儿提供了共同生活的环境，他们在集体中的生活行为如喝水、如厕、吃饭等都会受到班级管理的影响。有序、合理的安排婴幼儿的一日生活，对于提高其生活质量、促进发展有重要意义。

科学安排婴幼儿一日生活各个环节，使其在稳定有规律的节奏中获得生活的安全感；通过培养婴幼儿的生活习惯、时间观念，促进生活各环节有条不紊地进行，为保育人员相互配合，步调一致提供客观保证。

二、保育功能

班级为婴幼儿之间和婴幼儿与保育人员之间的良好交往提供平台。在保育人员的指导下，能够使婴幼儿尽快掌握交往的技巧，使其产生班级的归属感和安全感，能够自由表达自我，相互交流，相互影响。

班集体共同的发展目标，共同的行为规范，能够约束每个婴幼儿的行为，增强其集体意识，对克服婴幼儿的自我中心，发展婴幼儿的自我意识和社会性发展有重要作用。

三、社会功能

父母对孩子具有培养教育的义不容辞的责任，但家长同时担任着社会上各种行业的工作，学前儿童尤其3岁前儿童需要精心的照顾和教育，如果孩子得不到妥善的照顾，家长就无法安心工作。因此班级实际上承担着做好家长服务的工作。同时因为父母不一定都具有丰富的幼儿教育的专业知识和技能，保育人员又承担着宣传科学的教育理念，指导家庭教育的职责，还担负着指导家长科学育儿的任务，为家长提供教育服务。总之，托育机构班级实现着为家长服务的社会功能。

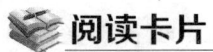 阅读卡片

班 级 管 理

管理就是合理地疏与堵的思维与行为。管理犹如治水应顺应规律、疏堵结合。任何一

种管理活动都必须由管理主体（由谁管）、管理客体（管什么）、组织目的（为何而管）、组织环境或条件（在什么情况下管）四个基本要素构成。管理是一种最普遍、最重要的社会现象，并且是最富有活力和创造性的行为。

托育机构班级分为乳儿班、托小班和托大班，国家卫生健康委《托育机构设置标准（试行）》提出，乳儿班6~12个月婴幼儿（10人以下），托小班12~24个月婴幼儿（15人以下），托大班24~36个月婴幼儿（20人以下）。

按照《国务院办公厅关于促进3岁以下婴幼儿照护服务发展的指导意见》（国办发〔2019〕15号）要求，以及国家卫生健康全称制定印发《托育机构保育指导大纲（试行）》，托育机构要为3岁以下婴幼儿提供科学、规范的照护服务。托育机构班级管理是以一日活动为载体，班级保育人员通过计划、组织、实施、协调等过程，为实施以促进婴幼儿发展为目标的各项活动提供良好资源与条件，以达到高效率实现保育目的，使婴幼儿活动全面健康发展的组织与管理活动。简而言之，托育机构班级管理就是班级保育人员对班级工作有关的"人、事、物"的管理。

课前自测

填空题

1. 班级包括＿＿＿＿和＿＿＿＿两个方面。＿＿＿＿是指一群人组成的集体，而这群人是同一＿＿＿＿的；＿＿＿＿有指学生的发展水平之意。

2. "班"和"级"是＿＿＿＿的，＿＿＿＿是由于＿＿＿＿而产生的，＿＿＿＿是＿＿＿＿的依据。

3. 任何一种管理活动都必须由＿＿＿＿、＿＿＿＿、＿＿＿＿、＿＿＿＿四个基本要素构成。

4. 填写表6-1托育机构班级结构和表6-2托育机构班级的功能。

表6-1 托育机构班级结构

结 构 类 别	具 体 内 容

表 6-2　托育机构班级的功能

班 级 功 能	具 体 内 容

项目六课前自测答案　　　　　扫码学习 6.1　班级的结构与功能

课中实训

实训目标

1. 了解托育机构班级管理的重要性。
2. 能够把握班级管理的原则。
3. 能够灵活运用班级管理的方法。
4. 加强班级管理的安全意识。
5. 强化托育人员的责任心与职业道德,在日常班级管理工作中培养前瞻性思维。

实训条件

项目六实施条件如表 6-3 所示。

表 6-3　项目六实施条件

名　称	实　施　条　件	要　　求
实训环境	理实一体化教室	校园网无线 Wi-Fi，可在线观看线上资源
物品准备	① 签字笔； ② 记录本（活页）； ③ 手机或平板电脑等录音录像设备； ④ 投影仪或一体机	案例材料充足，满足学生需求
知识准备	① 了解关于托育机构班级管理的相关知识； ② 初步理解托育机构班级常规管理的基本要求； ③ 初步具备一定的管理理念和合作意识	浏览理解知识点

实训步骤

1. 结合实际，小组讨论班级管理的重要性。
2. 列表梳理班级管理的原则。
3. 制作托育机构班级管理方法的思维导图。
4. 实践班级管理的问题应对能力。

任务一　托育机构班级管理概述

情境导入

用关爱之心做好班级管理

婴幼儿突然离开爸爸妈妈，来到托育园这个陌生的环境，既好奇没又没有安全感，很不适应，这个时候非常需要像妈妈一样关怀和照顾他们的人。田甜毫不犹豫地充当了这个角色，帮助婴幼儿整理衣物、修剪指甲，经常把他们抱在怀里、拍拍后背，亲亲他们的脸颊等，慢慢地消除了婴幼儿心中的恐惧感、陌生感。

在这个案例中，田甜能够在日常班级管理和教育过程中给予婴幼儿充分的关爱。保育人员对待婴幼儿有足够的爱心和耐心，是做好班级管理工作的基础，也是婴幼儿适应托育园生活、健康快乐成长的前提。

任务提示

1. 了解托育机构班级管理的内容。
2. 熟悉班级管理中所遵循的基本原则。
3. 掌握班级管理的常用方法。
4. 把握班级管理的重点要求。

知识点拨

托育机构班级管理的内容

托育机构班级管理的内容不仅包括托育机构管理中的一切内容，还包括保育人员之间的协调工作、婴幼儿班级建设工作和针对每个婴幼儿的具体工作。一般来说，托育班级管理一般有生活管理和早期发展指导管理两方面组成，其他管理工作服务于这个两方面。也就是说托育机构班级管理就是班级保育人员对班级工作有关的"人、事、物"的管理，就要求保育服务人员处理好班级中有关人、事、物的各种关系。

一、人与人的关系

班级中人与人的关系主要体现在三个方面：保育人员与婴幼儿的关系，保育人员之间的关系，保育人员与家长之间的关系，也就是人与人之间的交流管理。

二、人与事的关系

班级中人与事的关系表现为保育人员、婴幼儿与某个事件的关系。也就是班级婴幼儿生活管理和班级婴幼儿早期发展指导管理。

三、人与物的关系

班级管理中人与物的关系体现在保育人员、婴幼儿与班级环境、物品间的关系。也就是班级环境与空间管理以及班级资源的管理等。

任务实操 6-1-1

列表梳理托育机构班级管理的相关内容填入表 6-4。

表 6-4 托育机构班级管理的相关内容

托育机构班级管理	具 体 内 容

知识点拨

托育机构班级管理的原则

托育机构班级管理原则是对班级进行管理时必须遵循的普遍性行为准则，是班级管理实践的总结与概括，反映了班级管理的客观规律，对班级工作起指导作用。班级管理原则应全方位地体现在托育机构班级管理当中，贯穿在班级管理的全过程中，从而使班级工作正常开展并取得成效。班级管理应遵循的最基本的四大原则：主体性原则、秩序性原则、整体性原则和高效性原则。

一、主体性原则

婴幼儿是活动的主体，保育人员是班级管理的主体。主体性原则是指保育人员作为班级管理的主体具有的自主性、创造性和主动性，同时又充分尊正婴幼儿作为活动者的主体地位。主要蕴含了两方面的含义。

（一）保育人员的主体性

保育人员是班级管理的主体，具有自主性、创造性和主动性，要全身心地投入班级管理当中，从班级实际出发，有针对性地提出管理策略和方案，创造性地开展班级管理，提高班级管理的成效，最终促进作为活动主体的婴幼儿得到发展。

（二）婴幼儿的主体性

婴幼儿认识客观世界以及自身的成长发展都离不开保育人员的指导，保育人员只有发现、了解并相信每个婴幼儿的潜能，才能最大限度地调动每个婴幼儿内在的积极性，引导幼儿积极主动的投入各项活动中，只有这样才能充分发挥婴幼儿的潜能，使他们真正成为活动的主体。

二、秩序性原则

蒙台梭利指出：1~3岁是儿童秩序感形成的敏感期。在托育机构班级管理中，保育人员应发展儿童的秩序感，并在班级管理的要素间建立秩序性原则。

（一）时间秩序

建立婴幼儿一日生活的时间秩序。要将班级中的"婴幼儿一日生活作息时间表"，以婴幼儿看得懂、看得见的方式呈现。时间秩序建立的过程中要持之以恒，并且不随意调换活动的顺序，这也有助于婴幼儿获得安全感。

（二）空间秩序

秩序性还体现在保育人员对班级物品摆放的空间秩序上：

（1）根据教室环境的特点因地制宜地摆放材料，便于婴幼儿自主活动；

（2）摆放物品时，其高度需与婴幼儿身高相匹配，便于婴幼儿取放；

（3）物品摆放需整齐有序，帮助婴幼儿建立环境的秩序感。

三、整体性原则

整体性原则是指托育机构班级管理应是面向全体婴幼儿，并涉及班内所有管理要素的管理。确保班级各种管理要素都得到充分利用，从而促进班级全体婴幼儿的共同发展而不是部分婴幼儿的超常发展。

首先，把全班婴幼儿作为一个系统、一个整体来对待，再结合班级实际，从婴幼儿自身的特点和水平出发进行管理，做到促进全班婴幼儿全面和谐发展。其次，通过集体来培养婴幼儿的自律能力和责任心，良好的班集体，作为一种影响源自发地对婴幼儿产生作用，使班级管理呈现出自觉性、自律性。最后，要贯彻整体性原则，必须平等地对待所有婴幼儿，让每个婴幼儿在人、财、物、时间、信息等方面享有平等的权利。

四、高效性原则

高效性原则指以最少的人力、物力和时间，尽可能地使婴幼儿获得更多、更全面、更好的发展。作为班级管理者的保育人员必须考虑，如何使班级中有限的人、财、物、时间、信息发挥最大的功效，提高班级管理的效益。班级管理活动是否能营造适宜的环境、创造有利的条件、选用恰当的方法和手段，关键是能否在尽可能节约时间、精力和经费支出的同时，取得在可能范围内的最大效果。

为了提高班级管理工作的效率，要制订科学合理的班级管理工作计划，协调好各项资源和力量，做好计划的实施，及时对工作进展情况进行检查，根据检查情况适当调整工作内容或者方法，完成工作后及时总结经验教训，为下一阶段工作的实施提供参考和依据。

班级管理的这四个原则，紧密联系，不可分割。托育机构保育人员要在班级管理实践中认真贯彻，不断提高班级管理水平，促进婴幼儿健康成长。

任务实操 6-1-2

列表梳理托育机构班级管理的相关原则填入表 6-5。

表 6-5　托育机构班级管理的相关原则

班级管理的原则	具 体 内 容

知识点拨

托育机构班级管理的方法

要使托育机构班级管理卓有成效,保育人员必须掌握一定的方法和策略,科学的班级管理方法是每个保育人员的基本工作技能。管理班级的常见方法有规则引导法、情感沟通法、观察指导法、榜样激励法。

一、规则引导法

规则引导法是指用规则引导婴幼儿行为,使其与集体活动的方向和要求保持一致或确保婴幼儿自身安全并且不危及他人的一种管理方法。

规则的制定要符合婴幼儿年龄特征,婴幼儿年龄小,生活经验少,行为约束力差,规则不能太多并超出婴幼儿现有的能力和水平,提出的规则要符合婴幼儿的理解水平。在班级中婴幼儿必须遵守这些规则,活动才能保证安全、有序,并取得预期的效果。规则制定后,要针对婴幼儿的年龄特点,结合实践活动,在具体的情境中落实规则。

二、情感沟通法

情感沟通法是指通过激发和利用师幼间或婴幼儿间以及婴幼儿对环境的情感,以引发或影响婴幼儿行为的方法。一个优秀的保育人员必然是喜欢孩子、愿意和孩子沟通的,在和孩子情感交流的过程中,发现孩子独特的内心世界,更加了解孩子。

由于情感产生的特殊性,保育人员可以将情感沟通的时间化整为零,渗透到婴幼儿的一日生活当中去,情感沟通可以在任何时间进行。让孩子学会关爱他人,善于体察他人的情绪、理解他人的情感,形成善良、慷慨、怜悯和乐于助人等优秀品质,形成帮助、分享和同情等亲社会行为,学会相互理解、欣赏,具备良好的交流能力。

三、观察指导法

指导是指保育人员在周密细致观察婴幼儿的基础上,以自身为影响为媒介,巧妙地采取各种方式(示范、合作、介入)施加教育影响,以引导与改善婴幼儿的行为向着预期的教目标发展。在实施观察指导法前,保育人员首先需要学会观察,观察婴幼儿行为的具体表现,分析婴幼儿产生该行为的原因,在此基础上选择合适的指导方式。

四、榜样激励法

榜样激励法是指通过树立榜样并引导婴幼儿学习榜样以规范婴幼儿行为,从而达到管理目的的方法。根据皮亚杰的儿童心理发展理论,婴幼儿期的儿童喜欢模仿,易受他人的暗示。在班级管理中,保育人员可以充分利用婴幼儿"爱模仿"的心理特点,将之运用到榜样激励法中,以此帮助婴幼儿建立积极的价值取向,展开积极的自我评价。

保育人员在班级管理中利用健康的具体形象和成功的行为作示范,可以引导和规范婴幼儿的行为。榜样应该是健康、具体、典型的形象,可以是婴幼儿熟悉的故事中的动物和人物,英雄人物和公众人物,还可以是身边的小伙伴,这些榜样的行为应该是婴幼儿比较容易接受的,是婴幼儿经过努力可以达到的。

任务实操 6-1-3

列表梳理托育机构班级管理的主要方法填入表 6-6。

表 6-6　托育机构班级管理的主要方法

班级管理的方法	具 体 内 容

任务二　掌握托育机构班级一日常规管理

情境导入

用游戏建立行为常规

有一天早上，孩子们刚刚来到托育园，突然"哗啦"一声，田甜发现几个玩玩具的孩子把玩具摔在地上，看到玩具柜上有几个彩色的塑料盒，灵机一动，拿了一个小盒子说："地上有这么多的宝贝啊，那我去拣宝贝喽！"并捡起一个玩具放在盒子里。这个办法挺有效，引来了乐乐小朋友的目光，她连忙趴下捡玩具，高声喊道："老师，我也捡到了一个宝贝！"她的声音引来了其他小朋友的注意，都弯下身子来捡掉在地上的玩具，你一个，我一个，一会儿，就把地上捡的干干净净。

任务提示

1. 什么是常规管理？
2. 常规管理有什么意义？
3. 一日常规的主要内容有哪些？

知识点拨

常规管理的内涵

托育机构班级常规管理是指在以班级为单位的集体环境中，帮助和引导孩子、保育人员建立的一定规则，以保证婴幼儿在园的一日生活、运动、游戏等活动的顺利开展。

婴幼儿一日常规管理是指管理婴幼儿在托育机构的一切活动，包括婴幼儿在园的生活环节、游戏活动、户外活动等。婴幼儿一日常规管理体现着"一日生活皆课程"的理念，符合婴幼儿的年龄特征。对婴幼儿来说，一切活动都是生活化的，需要成人的精心照顾和引导，良好的生活习惯、生活规律、生活自理能力、社会交往、社会礼仪、自我保护意识等都是在实际的生活点滴中习得的。要指导婴幼儿形成具体的生活能力和自理能力，养成健康的生活习惯。

知识点拨

常规管理的意义

俗话说："没有规矩，不成方圆。"班级无常规，保育人员仅仅只是热爱婴幼儿，任其发展，婴幼儿往往不知道该做什么，应该怎么做，婴幼儿就无法形成良好的习惯；班级无常规，保育人员之间的合作也无从下手，在组织各环节活动中就无所适从，从而影响活动的质量。

1. 促进婴幼儿身体健康

一日常规是培养婴幼儿良好生活习惯（如作息规律、饭前便后洗手等）的主要途径。婴幼儿的年龄越小，行为可塑性就越强。良好的生活习惯有助于促进婴幼儿身体健康，使其建立合理的生活常规，有充沛的精力参与托育机构的各类活动，取得更好的发展。

2. 发展婴幼儿的社会性

一日常规活动有助于发展婴幼儿的社会性。让婴幼儿做一些力所能及的事情，可以提高婴幼儿的自信，帮助他们形成自理自立的意识。婴幼儿在与其他婴幼儿、成人的互助中潜移默化地学习关心、爱护他人，学习分享和合作，形成同情并帮助他人的优秀品质，这些都为婴幼儿形成良好的社会交往能力打下了坚实的基础。

3. 促进保育人员成长

良好的班级常规有利于促进婴幼儿保育人员形成一定的秩序感；有利于各项活动的顺利开展；有利于帮助婴幼儿保育人员适应托育机构环境；有利于帮助婴幼儿和保育人员学习如何在集体中生活。

4. 富有教育价值

一日常规管理中隐含着很多教育价值和保教机会，同时也为个别指导婴幼儿提供了最佳时机。在一日活动中保育人员应根据婴幼儿的身心特点，为其建立合理的一日生活常规，帮助其逐渐养成生活自理、独立自主的良好行为习惯。

常规管理的好坏直接影响班级管理、保育人员组织一日活动、保育人员之间的合作等各项活动的整体质量；直接关系到婴幼儿的成长和保育人员的成长，做好一日活动常规管理工作是需要具备一定管理条件的。

任务实操 6-2-1

根据所学，小组讨论，梳理归纳常规管理的重要意义和教育价值。

知识点拨

一日常规管理的内容

根据一日活动的具体内容，一日常规管理的主要内容有来园常规、生活常规、运动常规、游戏常规和离园常规等，具体常规如下。

一、来园常规

婴幼儿入园是其一天在园生活的开始，在这个过程中，保育人员应做好各项准备工作，接待婴幼儿和家长，组织晨间检查、晨间活动等工作。

（一）准备工作

婴幼儿进入教室前，保育人员就要做好环境清洁、安全检查及各项准备工作，包括室内开窗通风、清洁地面、摆放桌椅，准备好玩具、肥皂、干净的毛巾等。

（二）组织工作

1. 晨间接待

晨间接待是保育人员和家长进行交流的重要时机，可以了解婴幼儿在家的情况，做好个别婴幼儿的特殊物品或药品的交接工作，耐心倾听家长的嘱托，掌握婴幼儿需要特别照顾或服药的情况。还可以利用这段时间分工协作，有计划地对婴幼儿进行个别指导。

2. 晨间检查

晨间检查的内容可概括为"一摸、二看、三问、四查"：摸婴幼儿的额头，还可以使用电子体温计检查其是否发热；看婴幼儿的面色和眼神以及咽部有无异常，皮肤是否有皮疹；问婴幼儿身体有无不舒服的感觉，还可以向家长了解婴幼儿在家的健康、饮食、睡眠和排便情况；查婴幼儿的口袋里有无尖硬、不安全的物品等。如发现异常情况及时处理。

3. 晨间活动

保育人员要为婴幼儿准备好充足的晨间活动内容。组织已经来园的婴幼儿洗手并有序地进行自由活动，还要关注婴幼儿的活动，允许他们选择自己喜欢的活动，玩自己喜欢的玩具，做自己喜欢的游戏。

二、生活常规

生活常规主要是婴幼儿饮食习惯、清洁卫生习惯、睡眠习惯等的培养，对婴幼儿采用行为练习法，有针对性地加以训练，帮助他们养成良好的生活习惯，纠正不正确的行为。主要内容包括进餐、饮水、如厕、盥洗、睡眠、起床等。

三、运动常规

运动常规培养强调婴幼儿对运动的兴趣，强调婴幼儿体质的增强和综合运动能力，强调在运动中培养婴幼儿大胆、自信、勇敢的个性心理品质，强调充分利用自然环境各种因素进行锻炼。

四、游戏常规

游戏常规主要指在托育机构一日生活中婴幼儿自发、自主、自由的实践活动的常规，它能满足婴幼儿身心发展的需要，能发展婴幼儿的想象力、创造力和交往合作能力，促进婴幼儿情感、个性健康地发展。

扫码学习6.2　生活常规

扫码学习6.3　运动常规

扫码学习6.4　游戏常规

五、离园常规

离园也是托育机构婴幼儿保育工作的重要环节，保育人员要稳定婴幼儿情绪，安排适宜的离园活动。同时，婴幼儿离园时也是和家长沟通的重要时机。

（一）准备工作

婴幼儿离园前，保育人员应组织婴幼儿将玩具、活动材料、书籍等收拾整齐。在等待

项目六 托育机构班级管理

家长期间,婴幼儿的心情是焦急而迫切的,保育人员应组织婴幼儿进行活动量较小的活来转移其注意力,而不是让婴幼儿无所事事地等待。

(二)离园活动

婴幼儿家长到来后,保育人员帮助、指导婴幼儿整理仪容仪表;应向其他婴幼儿和保育人员礼貌地道别。婴幼儿离园时也是保育人员与家长沟通的重要时机,可以向家长介绍婴幼儿在园的情况并听取家长的意见。

(三)整理工作

所有婴幼儿离园后,保育人员应做清洁场地、整理物品的工作,对婴幼儿的水杯、餐具、饮水桶、毛巾、玩具等进行清洁和消毒以便第二天使用。同时,检查水、电开关,关好门窗,将所有的垃圾清理完毕。对一天的工作进行总结、学习,提升自己的保育能力,同时为婴幼儿准备第二天的活动材料。

任务实操 6-2-2

了解本地托育机构班级一日常规的活动安排并做记录。

任务三 掌握托育机构班级信息管理

情境导入

家长对托育机构的服务质量不满

一天,田甜正在办公室里办公,突然幼儿佳佳的家长推门进来,抱怨托育机构的服务质量差,眼看佳佳就要3岁了,可是佳佳的语言和动作发展似乎没有太大的变化。田甜了解情况后,马上把佳佳的成长手册拿来,让妈妈看佳佳在托育园里的成长经历,妈妈看后觉得女儿在托育园里确实得到了很好的发展,进步是非常迅速的,田甜接着给佳佳妈妈讲解最近一个阶段托育园是怎样培养婴幼儿生活习惯。佳佳妈妈了解之后满意地回家了。

任务提示

1. 托育机构班级信息管理是什么?有什么意义?
2. 托育机构班级信息管理有哪些内容?有哪些具体要求?

知识点拨

什么是班级信息管理

信息是事物同外部世界进行交换过程中特有的物质运行形式,指一切可传递和交换的知识内容。有效的管理行为必须通过某种反馈过程来获取信息,以了解其目的是否达到。托育机构班级的信息管理就是通过信息传播和交流,使保育人员关注社会大环境和托育园所的小环境,沟通思想,丰富知识,密切情感,从而提高工作质量和工作效率,进而促进托育园所的整体发展。

有效的班级管理离不开信息。进入信息时代,保育人员必须做信息收集的有心人。保育人员应该关注世界各国婴幼儿教育界的新思想、新经验、新动态,以及政治信息、经济信息、科技信息、文化信息等;建立健全信息网络,及时甄别分析各种信息,进行信息加工处理,择优而用,实现有效沟通。

任务实操 6-3-1

小组讨论托育机构班级信息管理的必要性,举例说明。

知识点拨

班级信息管理的意义

班级信息是班级教育教学过程中形成的具有参考和保留价值的信息，反映了班级保育人员、婴幼儿及班级环境等各种情况的信息，一定程度上反映了托育机构的管理水平。班级信息的收集、整理和更新情况影响班级管理的水平。

首先，保育人员对班级的信息整理实际上是对已实行的工作进行总结、归纳与反思，通过发现自己教育行为的不足并及时改进，有助于促进保育水平的提高。

其次，班级信息管理同时也为托育机构保育质量评估积累资料，提供婴幼儿动态发展情况，是班级保育质量评估的依据，切实反映托育机构的保育水平。

最后，班级信息管理还为托育机构积累珍贵的历史资料，有助于园际的互通和交流，密切家园联系、为婴幼儿和家长留下美好的回忆。

总之，结合托育园所工作实际，管理活动的有效性在很大程度上依赖于托育园和托育园外畅通、及时、准确的信息沟通联络，取决于运用信息传递方法的科学化程度。在托育机构的班级管理中，保育人员要善于利用各种资源，如网络、家长、园长、同事等资源，顺畅沟通的渠道，敏感捕捉各类有用的信息，为提高班级管理的质量服务，如建立网站、使用手机短信平台进行交流等。

任务实操 6-3-2

搜集资料，小组讨论托育机构班级信息管理的重要意义。

知识点拨

托育班级信息管理的内容

托育班级信息管理主要是指婴幼儿信息的管理、班级早期指导信息以及班级日志的管理，具体包括以下内容。

一、婴幼儿信息的管理

班级管理中的婴幼儿信息管理主要是指对婴幼儿入园开始形成的成长记录以及相关信息的管理，也称为"婴幼儿档案管理"。

1. 发展档案

婴幼儿发展档案管理是指从新入园到离园这段时间内，婴幼儿情况的登记、增加、删减和修改等管理工作。

2. 成长档案

成长档案常以"婴幼儿成长档案袋"的形式留存，是婴幼儿成长记录的集合，生动地反映了婴幼儿的兴趣、爱好、努力的态度与成长进步中的成就。

3. 健康档案

健康档案主要是反映婴幼儿身体各方面的生长发育情况。建立班级健康档案，方便及时记录婴幼儿的健康状况，及时发现婴幼儿的不寻常或意外状况，及时与家长沟通，预防疾病的发生。

4. 家长档案

婴幼儿家长信息也是班级信息管理的一项内容，应该有针对性地收集家长信息，要注意对家长信息进行筛选和整理，尊重家长隐私，不能随意公开家长信息。

5. 特殊档案

在"全纳教育"思想的影响下，一些托育机构也接纳特殊婴幼儿，对这些婴幼儿的信息管理要有别于正常儿童，除了一般的发展信息和成长档案外，还应有个体的发育情况、个案发展、治疗史等。

二、班级早期发展指导信息的管理

这是指班级在早期发展指导过程中形成的具有参考价值和保存价值的信息的收集、记录、整理、归类和保存等。班级早期发展信息内容较多，主要包括班级文案，以及班级活动的照片和视频记录，还有班级重大活动等一些有价值的信息收集与保存。

三、班级日志管理

班级日志一般指班级、保育服务人员、婴幼儿出勤数、婴幼儿健康状况（服药人数）、大小便情况及每天的突发事件等基本信息记录。根据精细化管理理念，班级应该建立日志管理制度，要求保育人员每天如实记录班级一日活动中发生的情况，也便于保育人员与家长之间的沟通。

总之，班级信息管理工作要细致了解每个婴幼儿的情况，关注婴幼儿发展的缺失与需要，管理过程应该伴随着保育过程而进行。要制定合理的班级目标，有计划、有目的地收

集信息，保证信息收集的全面性，并且有针对性地关注婴幼儿的个别差异，从而实现婴幼儿的全面发展；另外，还可以让家长参与班级信息的管理，在尊重婴幼儿和家长隐私的前提下，实现信息公开与共享，这有利于互相尊重与了解，从而达成教育共识，在和谐的氛围中帮助婴幼儿健康成长。

 扫码学习 6.5　婴幼儿信息的管理　　 扫码学习 6.6　早期指导信息表　　 扫码学习 6.7　班级日志

任务实操 6-3-3

请制订一份班级管理计划书，凭模拟实施单位，互相分析各自计划书的实施效果如何，如何改进更加结合实际。

 **巩固提升**

一、填空题

1. 按托育园所的活动来说，托育班级管理一般由_____和_____两方面组成，其他管理工作服务于这个两方面。

2. 一日常规管理的主要内容有_____、_____、_____、_____和离园常规等。

3. 班级信息的_____、_____和_____，会影响班级管理水平。

二、判断题

1. 托育机构的班级管理没什么，不需要什么管理技能。（　　）

2. 托育机构班级管理就是班级保育人员对班级工作有关的"人、事、物"的管理。（　　）

3. 主体性原则是指保育人员作为班级管理的主体具有的自主性、创造性和主动性。（　　）

拓展资源

1. 扫码学习。

扫码学习 6.8　班级管理的重点

扫码学习 6.9　早期活动计划表

扫码学习 6.10　如厕指导实践

2. 欣赏电影《看上去很美》，并谈谈你的感受。

考核评价

班级_____ 组别_____ 姓名_____ 学号_____ 日期_____ 评价项目_____

评价阶段	评价内容	分值	佐证材料	学生自评	小组互评	教师评价	平台数据
课前自学	"扫码学习"完成度	10	平台数据				
	自学自测	10	是否完成测试题				
课中实训	任务实操 6-1-1	5	实操任务完成情况				
	任务实操 6-1-2	10	实操任务完成情况				
	任务实操 6-1-3	5	实操任务完成情况				
	任务实操 6-2-1	5	实操任务完成情况				
	任务实操 6-2-2	5	实操任务完成情况				
	任务实操 6-3-1	10	实操任务完成情况				
	任务实操 6-3-2	5	实操任务完成情况				
	任务实操 6-3-3	5	实操任务完成情况				
	素质目标达成情况	5	是否具备班级管理的安全意识和瞻性思维				
		5	是否养成严谨细致的工作习惯				
课后提升	拓展资源完成度	10	完成课后练习				
		10	平台数据				
合计		100	教师签名				
项目得分							

评价说明：在本项目完成之后，由任课老师主导，采用过程性评价与结果评价相结合，综合运用自我评价、小组评价和保育人员评价三种方式，由保育人员确定三种评价方式分别占总成绩的权重，计算出学生在本项目的考核评价得分。（平台数据完成的打√；未完成的打 ×）

项目七
托育机构卫生保健管理

项目概述

卫生保健是托育机构工作的重要内容之一，托育机构卫生保健管理是实现托育机构卫生保健规范管理，提供优质的婴幼儿的健康照护和早期教育，保障婴幼儿身心健康的有力措施和手段。本项目重点介绍托育机构环境及设备卫生管理、保育教育活动卫生管理、托育机构卫生保健制度。

学习目标

素质目标
1. 培育托育工作者敬畏生命、甘于奉献的职业精神。
2. 培养持之以恒、一丝不苟的工作态度。

知识目标
1. 掌握托育机构环境及设备卫生管理的内容和要求。
2. 掌握托育机构保育教育活动卫生管理的内容和要求。
3. 掌握托育机构各项卫生保健制度的内容。

能力目标
1. 能够根据管理部门的要求开展托育机构环境及设备的卫生管理工作。
2. 能够根据婴幼儿身心发展规律开展托育机构保育教育活动的卫生管理工作。
3. 能够按照管理部门的要求落实托育机构卫生保健制度。

案例导入

2022年，为提升托育机构从业人员在急救护理方面的技能水平，济南托育服务行业协会与济南市妇幼保健院联合，面向托育工作者先后开展了三期BLS（basic life support，基础生命支持）国际证书培训认证工作，并且经常邀请相关专家开展婴幼儿常见病的识别与预防、托育机构卫生消毒常规、常见传染病预防等讲座。为什么托育行业和机构会如此重视卫生保健工作呢？

课前自学

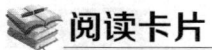

托育机构卫生保健管理的重要意义

0~3岁婴幼儿是社会上"最柔软的群体",做好托育机构卫生保健管理工作,呵护入托婴幼儿的身心健康是托育机构最基本的任务之一。所有为保障婴幼儿身心健康成长而采取的措施都可以称为卫生保健工作。

一、做好卫生保健管理是婴幼儿身心健康成长的客观需要

健康的身体是婴幼儿身心和谐发展的基础。0~3岁是人一生中体格、神经精神等各方面生长发育最快的阶段,变化最大的阶段,也是最为重要的阶段。婴幼儿阶段身体的各个器官、组织的发育及其功能尚不完善,免疫防护能力尚不健全,缺乏独立生活和保护自己的能力,易受各种外界因素的影响,罹患各种疾病,影响其身心健康成长。因此,就特别需要加强托育机构的卫生保健工作,积极贯彻预防为主的方针,使集体生活的婴幼儿健康成长。

二、做好卫生保健管理是促进民族健康,增强民族素质的重要基础

婴幼儿健康事关千万家庭幸福和民族未来,婴幼儿健康水平是一个国家或地区政治、经济、文化和卫生水平的重要标志之一。我国卫生部早就提出:"婴幼儿健康的投资,对于推动社会发展、提高生产力,改善生活素质是一个直接突破口。"世界卫生组织也早在20世纪80年代就提出了"婴幼儿的健康,明天的财富"。为此,我国于2015年和2018年两次修订人口与计划生育法,不断加强母婴保健和婴幼儿照护服务,推进提高出生人口素质。做好托育机构卫生保健管理,能有效地降低入托婴幼儿的生理和心理疾病的发病率,对提高全社会的健康水平,增强人口素质起着十分重要的作用。

三、做好卫生保健管理托育机构正常运营的基本保障

卫生保健管理的好坏直接关系到托育机构的办园质量,因此在托育机构工作中具有特别重要的意义。卫生保健工作是托育机构组织与管理工作不可缺少的重要组成部分。托育园是婴幼儿集体生活的场所,是易感人群集中的地方,贯彻预防为主的方针,保护婴幼儿健康成长,是托育机构的首要任务。托育机构卫生管理质量直接影响托育机构备案、评估、入托婴幼儿出勤率、口碑和品牌形象,是托育机构正常运营的基本保障。

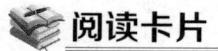

托育机构卫生保健管理的主要内容

托育机构卫生保健工作的根本任务是在集体生活中制定和落实必要的制度,采取有效的管理措施,保障和促进婴幼儿的身心健康成长,使其身体健康和心理健康两个方面和谐与协调,做到照护保育工作与早期教育工作有机结合,实现保教统一。

《托儿所幼儿园卫生保健管理办法》(以下简称《管理办法》)第九条明确规定了托幼机构的法定代表人或者负责人是本机构卫生保健工作的第一责任人。《托儿所幼儿园卫生保健工作规范》(以下简称《卫生规范》)中关于托育机构的具体卫生职责如下:

(1) 按照《管理办法》要求,设立保健室或卫生室,其设置应当符合《卫生规范》保健室设置基本要求。根据接收婴幼儿数量配备符合相关资质的卫生保健人员。

(2) 新设立的托育机构,应当按照《卫生规范》卫生评价的要求进行设计和建设,招生前应当取得县级以上卫生行政部门指定的医疗卫生机构出具的符合《卫生规范》的卫生评价报告。

(3) 制订适合本园(所)的卫生保健工作制度和年度工作计划,定期检查各项卫生保健制度的落实情况。

(4) 严格执行工作人员和婴幼儿入园(所)及定期健康检查制度。坚持晨午检及全日健康观察工作,卫生保健人员应当深入各班巡视。做好婴幼儿转园(所)健康管理工作。定期开展婴幼儿生长发育监测和五官保健,将婴幼儿体检结果及时反馈给家长。

(5) 加强园(所)的传染病预防控制工作。做好入托婴幼儿预防接种证的查验,配合有关部门按时完成各项预防接种工作。建立婴幼儿传染病预防控制制度,做好晨午检,婴幼儿缺勤要追查,因病缺勤要登记。明确传染病疫情报告人,发现传染病病人或疑似传染病人要早报告、早治疗,相关班级要重点消毒管理。做好园(所)内环境卫生、各项日常卫生和消毒工作。

(6) 加强园(所)的伤害预防控制工作,建立因伤害缺勤登记报告制度,及时发现安全隐患,做好园(所)内伤害干预和评估工作。(具体内容见项目八)

(7) 根据各月龄段婴幼儿的生理、心理特点,在卫生保健人员参与下制订合理的一日生活制度和体格锻炼计划,开展适合婴幼儿年龄特点的保育工作和体格锻炼。

(8) 严格执行食品安全工作要求,配备食堂从业、管理人员和食品安全监管人员,制定各岗位工作职责,上岗前应当参加食品安全法律法规和婴幼儿营养等专业知识培训。做好婴幼儿的膳食管理工作,为婴幼儿提供符合营养要求的平衡膳食。(具体内容见项目九)

(9) 卫生保健人员应当按时参加妇幼保健机构召开的工作例会,并接受相关业务培训与指导;定期对托幼机构内工作人员进行卫生保健知识的培训;积极开展传染病、常见病防治的健康教育,负责消毒隔离工作的检查指导,做好疾病的预防与管理。

(10) 根据工作要求,完成各项卫生保健工作记录的填写,作好各种统计分析,并将数据按要求及时上报辖区内妇幼保健机构。

课前自测

一、单项选择题

1. 托育机构卫生保健工作的第一责任人是（ ）。
   A. 保健医 B. 法定代表人或者负责人
   C. 保育员 D. 保育师
2. 托育机构卫生保健管理的主要内容是（ ）。
   A. 创设良好的生活和娱乐环境
   B. 做好健康教育
   C. 开展体格锻炼
   D. 有效预防和控制传染病
   E. 以上都是

项目七课前自测答案

二、判断题

1. 托育机构传染病的管理应贯彻"预防为主"的方针。 （   ）
2. 婴幼儿年龄小，认知能力差，因而无法对其开展健康教育。（   ）

课中实训

实训目标

1. 能够根据管理部门的要求开展托育机构环境及设备的卫生管理工作。
2. 能够根据婴幼儿身心发展规律开展托育机构的保教活动的卫生管理工作。
3. 能够按照管理部门的要求落实托育机构卫生保健制度。
4. 初步具备托育工作者敬畏生命、甘于奉献的职业精神。

实训条件

项目七实施条件如表7-1所示。

表7-1 项目七实施条件

名 称	实 施 条 件	要 求
实训环境	理实一体化教室	校园网无线 Wi-Fi，可在线观看线上资源
物品准备	① 签字笔，记录本（活页）； ② 手机或平板电脑等设备； ③ 投影仪或一体机	材料充足，满足实训需求
知识准备	① 具备托育机构卫生保健管理的相关理论知识； ② 搜集国家和地方关于托育机构卫生保健的相关文件	理解记忆相关知识点

实训步骤

1. 以小组为单位列表评估环境和设备的卫生管理状况，并提出改进措施。
2. 列表梳理托育机构各项保育教育活动中的卫生保健要求。
3. 模拟演练"手足口"病例后应采取的措施。

任务一　掌握托育机构环境及设备的卫生管理

情境导入

2023年9月，山东省聊城市东昌府区卫健局对辖区一托育机构下达了行政处罚决定书，对该托育机构处以五千元罚款的行政处罚。这是东昌府区对托育机构开出的首张"罚单"。综合执法大队在监督巡查过程中发现：辖区内一托育机构存在未向卫生健康部门备案开展托育服务的行为。经查，该机构已于2023年5月因未在卫健部门备案开展托育服务而被警告，并责令限期整改。整改期满后，该机构仍未备案且继续开展托育服务。

任务提示

1. 托育机构环境及设备的卫生管理有什么意义？
2. 托育机构环境的卫生管理需要注意哪些方面？
3. 托育机构的设备的卫生管理需要注意哪些方面？

知识点拨

托育机构环境的卫生管理

托育机构环境的配置应能保证婴幼儿的生活、活动和卫生制度的顺利执行，便于婴幼儿睡眠、进餐、户外活动、学习、游戏等活动的进行，便于控制传染病的流行。

（1）国家卫生健康委《托育机构设置标准（试行）》（以下简称《设置标准》）第一二条规定：托育机构的场地应当选择自然条件良好、交通便利、符合卫生和环保要求的建设用地，远离对婴幼儿成长有危害的建筑、设施及污染源，满足抗震、防火、疏散等要求。

（2）《设置标准》第十三条规定：托育机构的建筑应当符合有关工程建设国家标准、行业标准，设置符合标准要求的生活用房，根据需要设置服务管理用房和供应用房。

（3）《设置标准》第十四条规定：托育机构的房屋装修、设施设备、装饰材料等，应当符合国家相关安全质量标准和环保标准，并定期进行检查维护。

（4）国家卫健委《托育机构卫生评价基本标准（试行）》（以下简称《卫生标准》）指出：托育机构室外活动场地应地面平整、防滑、无障碍、无尖锐突出物，采用软质地坪，确保安全。

（5）《卫生标准》指出：需要获得冬季日照的婴幼儿生活用房窗洞开口面积不应小于该房间面积的20%。

（6）《卫生标准》指出：夏热冬冷、夏热冬暖地区的婴幼儿生活用房不宜朝西；当不可避免时，应采取遮阳措施。

（7）《卫生标准》指出：婴幼儿生活用房不应设置在地下室或半地下室，乳儿班和托小班应有安全围栏、地垫。

（8）《卫生标准》指出：室内环境中甲醛、苯及苯系物等检测结果符合国家《室内空气质量标准》（GB/T 18883—2002）要求。

（9）《卫生标准》指出：除了婴幼儿用房以外，托幼机构还应配置保健室、隔离室、厨房、贮藏室、洗衣室、传达室和办公室等。保健室和隔离室可以设在门厅处，以便对婴幼儿进行每天的晨检和进行身体测量、预防注射、疾病的诊治和隔离等工作。

（10）《设置标准》第十三条规定：托育机构应当按照有关托儿所卫生保健规定，完善相关制度，做好室内外环境卫生。

（11）《托儿所幼儿园卫生保健工作规范》中规定：园（所）内建筑物、户外场地、绿化用地及杂物堆放场地等总体布局合理，有明确功能分区；园（所）内严禁种植有毒、带刺的植物。

扫码学习 7.1　托儿所幼儿园卫生保健管理办法

扫码学习 7.2　托育机构卫生评价工作的通知

知识点拨

托育机构设备的卫生管理

（1）托育机构应设有保健观察室，建筑面积不少于 6 平方米。至少设有 1 张婴幼儿观察床。保健观察室应与婴幼儿生活用房有适当的距离，并应与婴幼儿活动路线分开。

（2）每班有专用水杯架和奶瓶存放处，标识清楚，有饮水设施。

（3）除集中式供水外的生活饮用水水质符合《生活饮用水卫生标准》（GB 5749—2006）要求。饮水机等所有涉及饮用水卫生安全的产品，应当取得卫生许可。

（4）每班有专用毛巾架，标识清楚，毛巾间距合理。

（5）有消毒柜等消毒设施，专用于水杯、毛巾、餐具消毒，婴幼儿每日 1 巾 1 杯专用，每日消毒。

（6）每班应有独立的厕所、盥洗室，每班厕所内设有污水池，盥洗室内有洗涤池；盥洗室内有流动水洗手装置，水龙头数量和间距设置合理。

（7）托育机构应室内应光线明亮，人工照明要求能保证最低限度的照度。婴幼儿保教机构的活动室、乳儿室、音体活动室、保健室、隔离室和办公室等宜采用日光色光源的灯具照明，其余场所可采用白炽灯照明。人工照明要求室内各点照度之差不能过大，不产生或少产生阴影。照明的均匀系数一般不小于 0.7。

（8）招收 2 岁以下婴幼儿的托育机构应设有哺乳室或哺乳区域，哺乳室或哺乳区域应设置隐私保护设施。

（9）托育机构婴幼儿用房的散热器必须采取防护措施，以免造成婴幼儿烫伤事故。婴幼儿保教机构的室内采暖，应保持适宜的气温。活动室、寝室、乳儿室、办公室、喂奶室、医务室和隔离室的室内气温不低于 20℃，盥洗室、卫生间的气温不低于 22℃，浴室和更衣室的气温不低于 25℃。室内的相对湿度为 30%~80%，以 50% 较为理想，风速不超过 0.3m/s。

（10）托育机构应安装防蚊蝇等有害昆虫的设施。

任务实操 7-1-1

假设所在宿舍和教学楼想改造为托育园，请以小组为单位列表评估环境和设备是否符合卫生管理要求，不合格的地方应如何改进？

任务二　托育机构保育教育活动的卫生管理

情境导入

某托幼机构在对新员工、实习生进行岗前培训的时候特别强调保育教育活动的卫生管理，并且也会经常开展全员保育教育活动的卫生管理的职后培训和研讨，重视保教活动的卫生管理对托育机构、保教人员、入托婴幼儿都有着非常重要的意义。

任务提示

1. 为什么要在保教活动进行卫生管理？
2. 各种保育教育活动都有哪些卫生要求？

知识点拨

托育机构一日生活制度

托育园的一日生活制度，指按科学的依据把婴幼儿每日在园内的主要活动，如来园、晨间锻炼、进餐、散步、盥洗、如厕、睡眠、游戏、户外活动、教育活动、离园等在时间和顺序上合理地固定下来，并形成种制度。托育园制定并实施合理的一日生活制度，可以使幼儿在园内的生活既丰富多彩又有规律性，劳逸结合，动静交替。这不仅有利于幼儿的生长发育和健康，而且还有助于培养幼儿有规律的生活习惯，同时，也为保教人员顺利地做好保育和教养工作提供了重要的条件。

（1）托育机构应当根据各月龄段婴幼儿的生理、心理特点，结合本地区的季节变化和本托幼机构的实际情况，制定合理的生活制度。

（2）合理安排婴幼儿作息时间和睡眠、进餐、大小便、活动、游戏等各个生活环节的时间、顺序和次数，注意动静结合、集体活动与自由活动结合、室内活动与室外活动结合，不同形式的活动交替进行。

（3）保证婴幼儿每日充足的户外活动时间。全日制婴幼儿每日不少于2h，寄宿制婴幼儿不少于3h，寒冷、炎热季节可酌情调整。

（4）根据婴幼儿年龄特点和托育机构服务形式合理安排每日进餐和睡眠时间。制定合理的餐点数量，保证婴幼儿正餐间隔时间为3.5~4h，进餐时间为20~30min，餐后安静活动或散步时间10~15min。3岁以下婴幼儿日间睡眠时间可在2~2.5h/日的基础上根据月龄适当延长。

（5）严格执行一日生活制度，卫生保健人员应当每日巡视，观察班级执行情况，发现问题及时予以纠正，以保证婴幼儿在托育机构内生活的规律性和稳定性。

微课：托育园制定一日生活制度的依据

扫码学习 7.3 托育园一日生活制度的安排举例

知识点拨

托育机构体育活动卫生管理

托育机构体育活动的目标、内容、方法、途径以及体育设施、用具要符合婴幼儿身心发展特点，尊重个体差异，能使体育活动更好地促进婴幼儿身体各部分功能的发展，促进体格发育，使婴幼儿更好地适应外界环境，动作、语言、认知、情感与社会性得到全面发展。

一、托幼机构体育活动的卫生学原则

1. 全面性原则

婴幼儿保教机构体育教学的主要内容有走、跑、跳、投掷、攀登、平衡木、体操等，对婴幼儿身体成长的促进作用各有侧重，在组织和实施体育活动时，要做科学的搭配，使婴幼儿身体的各器官、各系统都得到科学锻炼。要注意，婴幼儿阶段体育活动的重点不是发展速度、技巧、力量和耐力，而是应当注重发展婴幼儿的平衡性、灵敏性，培养运动兴趣和运动习惯。

2. 循序渐进原则

在体育活动中要有计划、有步骤地增加体育活动的运动量和运动的复杂程度，由易到难，由小量到大量，循序渐进地逐步提高，使婴幼儿有一个逐渐适应的过程。

3. 尊重个体差异原则

组织体育活动时，不仅要考虑婴幼儿的年龄特征，还要考虑婴幼儿的个体差异。婴幼儿的身体健康状况、体质条件、家庭生活环境和教育、营养状况、运动能力等各不相同，不能采用单一模式和标准，要因人而异。

对于体质虚弱的婴幼儿，要给予适当的照顾，减轻运动量和运动的复杂程度。要鼓励这些婴幼儿经常参加较轻微的体育活动，在运动中增强体质。对有慢性疾病的婴幼儿，应适当降低要求，或停止体育运动。

二、体育活动创伤的预防

1. 造成体育活动创伤的主要原因

（1）体育活动的场地、器材、设备等不合乎卫生学标准或要求，或者损坏失修，或者缺少必要的防护设施等。

（2）体育活动的环境条件不良。如气温过低或过高，光照不足，地面太滑等。

（3）动作不熟练或缺乏保护。婴幼儿尚未掌握体育活动的动作要领，或者在婴幼儿活动时未做好必需的保护。

（4）未做好准备活动和整理活动。婴幼儿在体育活动前没有做好准备工作，以致发生肌肉拉伤、关节扭伤等创伤，或者在大活动量的运动以后立即停止活动，致使脑部和脏器缺血、缺氧，引起头晕、疲乏和不适，甚至产生休克等。

2. 体育活动中创伤的预防

预防体育活动中的创伤要针对上述造成创伤的原因，注意婴幼儿体育活动场地、设备和器材的安全性能；在体育活动前，加强对婴幼儿身体和心理状态的检查，做好准备工作；在体育活动中，掌握适当的体育活动量，抓好婴幼儿基本动作的训练，并做好运动保护工作。

微课：托育园"三浴"的卫生管理

知识点拨

婴幼儿的阅读卫生

婴幼儿阅读时的姿势不良、眼睛离图书的距离太近、光线不良、阅读的持续时间过长、读物的选择不适宜等都会影响婴幼儿的身心健康。因此，必须要注意阅读卫生。

一、适宜的照明

婴幼儿阅读环境的照度一般不得低于50lx。阅读时，光线必须从左上方射入，以免产生阴影。室内光线应分布均匀，不炫目。不要让婴幼儿在过强的直射阳光下阅读。

二、适当的阅读距离

要让婴幼儿的眼睛与书本之间的距离保持在35~40cm，书本不要平放在桌面上，应使书本与视线有一定的角度，最好呈直角，以免引起眼睛和颈部肌肉的疲劳。

三、正确的姿势

要教育婴幼儿保持正确的坐姿，不歪头、不耸肩，脊柱正直，头不过于前倾，前胸距桌缘约一拳距离，将大腿放平，足着地，使身体的重心稳妥地落在坐骨和椅靠背的支撑点范围内，以减轻维持坐姿的肌肉疲劳。

四、适当的时间

不要让婴幼儿长时间阅读，否则会引起大脑皮层和视觉器官过度紧张和疲劳。每次阅读的时间以10~20min为宜，看书后要养成到户外活动或远眺的习惯。

五、适合婴幼儿视觉特点的读物

应为婴幼儿选择色彩鲜明、图像符号清晰、纸张坚韧洁白、字号大小适宜、无反光、无异味的读物。

知识点拨

婴幼儿唱歌、朗诵的卫生

唱歌主要是声带和肺部的活动，唱歌时吸气快，且张口呼吸，因此，空气通过鼻腔的时间缩短，在鼻腔中的除尘、加温、加湿过程不完全。如果空气污浊或过冷，容易引起呼吸系统疾病。因此，婴幼儿唱歌时，要特别注意预防呼吸系统疾病和声带疲劳、损伤，注意唱歌卫生。

一、选择适宜的环境

婴幼儿唱歌的环境要空气清洁、新鲜、保持湿润，温度不低于18℃。唱歌前，室内应预先开窗通风，并且清扫地面，避免灰尘被吸入呼吸道导致疾病发生。在寒冷地区，冬季不要安排婴幼儿在户外唱歌，也不要让婴幼儿在唱歌后，立即进入到寒冷的空气中去，以免引起呼吸道炎症。

二、保持正确的姿势

婴幼儿唱歌时最好采取立姿，以保持胸腔和膈肌的充分活动。正确的唱歌姿势是：身体质量均匀地分配在两腿上，重心稍放前一点，挺胸，两肩稍向后，双手自然下垂在身体的两侧，头部保持正直。

三、选择适合婴幼儿年龄特点的歌曲

婴幼儿声带的弹性纤维、喉部肌肉发育尚未完善，声门肌肉容易疲劳，发炎时易发生充血水肿、声门狭窄而出现声音嘶哑、呼吸困难等。为保护婴幼儿的声带，应选择音域、音强合适的歌曲，太宽或太窄的音域、太高或太低的音强都会使婴幼儿感到困难，造成声带疲劳。

四、控制唱歌的时间

连续唱歌的时间不宜过长，一般以4~5min为宜，唱歌一段时间后应稍事休息，避免长时间地大声唱歌或喊叫。当婴幼儿咽喉部疲乏或有炎症时应暂时不要唱歌。

知识点拨

婴幼儿绘画的卫生

婴幼儿在绘画时，除了有视觉器官、大脑皮层和维持姿势的肌肉群参与活动外，还有前臂、肩部、腕关节和指掌关节的肌肉活动，托育机构应注意婴幼儿绘画的姿势及用眼卫生、所用工具、持续时间等方面的问题。

一、培养正确的绘画姿势

要让婴幼儿在光照充足的环境中绘画，光线应来自左上方，以免在纸上产生阴影；眼睛与纸张之间应保持35~40cm的距离；婴幼儿绘画时不能将胸部压在桌缘，以免胸控受到压迫；脊柱不要侧弯。

二、绘画工具安全卫生

婴幼儿绘画所用的铅笔、彩笔或其他用具，应安全、无毒。笔杆不宜过细，以免造成婴幼儿腕部肌肉疲劳，导致绘画困难。

三、持续时间不宜过长

绘画需要手部小肌肉群的参与。婴幼儿手部小肌肉发育尚未完善，绘画、写字持续的时间过长会造成疲劳。一般来说，婴幼儿连续绘画的时间不宜超过 10min。

任务实操 7-2-1

列表梳理托育机构各项保育教育活动中的卫生保健要求。假设自己是一名两岁幼儿，评估自己的一日生活和各项活动安排是否符合托育机构卫生要求。

项目七 托育机构卫生保健管理

任务三　托育机构各项卫生保健制度

情境导入

没有规矩，不成方圆。为了规范托育机构的卫生管理，保障入托婴幼儿的身心健康和托育机构的良性发展，托育机构都会制定严格的卫生保健制度。不管是普通员工还是管理者都应熟悉这些卫生保健制度，这也是管理部门对托育机构检查和评估的一项重要内容。

任务提示

1. 托育机构卫生管理需要建立哪些相关制度？
2. 建立托育机构卫生保健制度对托育机构的管理有什么意义？

知识点拨

托育机构各项卫生保健制度

根据《托儿所幼儿园卫生保健管理办法》规定为保障入托婴幼儿健康照护要求，托育机构应建立十项卫生保健制度，并符合实际情况，具有可操作性，才有可能获得备案资格。

一、一日生活制度（包含婴幼儿照护内容）

二、膳食管理制度

三、体格锻炼制度

四、卫生与消毒制度

五、健康检查制度

六、传染病预防与控制制度

七、常见疾病预防与管理制度

八、伤害预防制度

九、健康教育制度

十、卫生保健信息收集制度

十项卫生保健制度是做好托育机构卫生保健工作的必要保障，每项制度中有可能还包含相关子制度。托育机构不仅要按照主管部门的要求，结合园所实际，制度可操作的制度，而且还要加强落实与管理，真正做到照章办事，合法合规，才能真正保护和促进婴幼儿身心健康。

知识点拨

托育机构卫生消毒与隔离制度

一、环境卫生

（1）建立健全室内外环境清扫制度，室内外环境每日湿拭清扫，保持清洁整齐。做到每天一小扫，每周一大扫，每月彻底扫，分工明确，责任到人，定期检查、评比。

（2）室内空气流通新鲜。冬季每半日通风 1 次，每次 10~15min。夏季要安装防蚊、蝇设备，及时消灭蚊、蝇、鼠、蟑螂、蚂蚁等病媒昆虫动物。垃圾污物要有带盖容器集中存放及时消除。

（3）玩具每周最少消毒一次，图书要经常放在日光下曝晒。

（4）幼儿桌、椅高度应符合卫生要求。

（5）门把手、饮用水龙头、冲手用水龙头要保持清洁，每天要消毒 1~2 次。

（6）各班级清洁用具（如扫帚、拖布、抹布等）要专用，每次用后要及时处理干净。

（7）厕所要儿童专用，做到清洁通风、无臭味，每天至少要消毒一次，便器用后要及时清洗消毒。

二、个人卫生消毒

（1）保证园（所）内儿童每人一杯一巾，每天消毒一次，毛巾间距 10 厘米。要认真做到饭前、便后用肥皂和流动水洗水。

（2）饭后要漱口，托大班每日早晚刷牙。

（3）要求幼儿每周剪指甲一次，每两周剪脚指甲一次。

（4）婴幼儿服装、仪表要保持整洁。

（5）被褥做到专人专用，每两周换洗床单，枕巾一次。被褥保持清洁、干燥，每月晒被褥并洗被套一次，有污物时要及时更换拆洗。

（6）保护儿童视力，室内要注意采光。看电视一次时间不宜过长，看时不要离得太近。电视机安放高度要适中。

三、工作人员个人卫生

（1）工作人员要仪表整洁，衣着大方，工作时间不戴戒指，不留指甲，不化浓妆。

（2）做到四洗手，进园后洗手、饭前便后洗手、给孩子开饭前及削水果前洗手、倒尿桶、纸筐后洗手。

（3）工作期间不吸烟，不喝酒。

四、消毒隔离制度

（1）各园（所）要设立保健室，要根据本园（所）条件建立隔离室或观察床（全托园、所必须建立隔离室）。隔离室用品必须要专用。

（2）婴幼儿及工作人员患传染病应立即隔离治疗，所在班要彻底消毒。待患者隔离期满痊愈后，经医生证明方可回园（所）或班。

（3）对患儿要专人护理，仔细观察，按时服药或喂饭。

（4）对患传染病的幼儿所在班和传染病患者接触过的婴幼儿进行检疫、隔离、观察，检疫期间不收新生，在园（所）婴幼儿不混班、不窜班。检疫期满后无症状者方可解除隔离。

（5）婴幼儿离园（所）一个月以上或外出（离开本市）返回时，应向家长询问有无传染病接触史。并要经过医务人员重新检查。未接触传染病的要观察两周。有传染病接触史的待疫期满后方可回园。

（6）工作人员家中及婴幼儿家中发现传染病人应及时报告园（所）相关领导，采取必要措施。

知识点拨

扫码学习 7.4
托儿所幼儿园卫生保健工作规范

托育机构健康检查制度

托育机构应建立健全健康检查的制度。健康检查的对象应包括新入园的婴幼儿、在园的婴幼儿以及托育园所中的全体工作人员。

一、婴幼儿的健康检查

对幼儿进行定期和不定期健康检查，可以了解到每个幼儿的生长发育情况和健康状况，以便采取相应的措施，更好地促进幼儿健康成长，同时，对疾病也可以做到早发现、早隔离和早治疗。

1. 入园前的健康检查

即将进入托育机构生活的婴幼儿，在入园前必须到所属区妇幼保健院进行健康检查，检查合格者方可入园。入园前的健康检查还能为托育机构更好地了解和掌握每名婴幼儿生长发育的特点以及健康状况提供重要的资料。

婴幼儿入园前健康检查的主要内容如下。

（1）了解婴幼儿的疾病史、传染病史、过敏史、家族疾病史等。

（2）检查婴幼儿当前的生长发育与健康状况，如：身高、体重、胸围、头围、心肺功能、视力、听力、皮肤、牙齿的发育、脊柱的发育、血红蛋白、肝功能等。

（3）入园时要收取 0~3 岁儿童健康档案和预防接种证。

（4）乙肝表面抗原阳性兼 e 抗原阳性者或谷丙转氨酶增高者暂不予入园，经治疗后每 3 个月做肝功能检查一次，连续 3 次正常方可入园。

（5）婴幼儿转园、从托儿所进入幼儿园，或者离开托育机构一个月以上的婴幼儿须重新体检后方可入园。有肝炎病史的儿童须检疫 42 天，体检证实其健康后方可入园。

目前，许多城市都有统一规定的婴幼儿入园前健康检查的项目，入园前的健康检查结果在一个月内有效。

2. 入园后的定期健康检查

婴幼儿入园后应定期进行健康检查。一般来说，1 岁以内的婴儿，每季度应体检一次；1~3 岁的婴儿，每半年体检一次，每季度量体重一次；3 岁以上的婴幼儿，每年体检一次，每半年测量身高、视力一次，每季度量体重一次。

托育机构应为每名幼儿建立健康档案，以便全面了解和判断每名幼儿生长发育的情况。

婴幼儿每次健康检查以后，医务保健人员都应对婴幼儿个人以及集体进行健康分析、评价以及疾病统计，并据此提出在促进婴幼儿健康成长方面的相应措施。

3. 每日的健康观察

婴幼儿每日入园以后，医务保健人员和保教人员应该对其进行每日的健康检查和观察，发现疾病及早进行隔离和治疗，防止疾病的加重或在园内传播。婴幼儿每日的健康观察主要包括入园时的晨检和全日的观察。

（1）入园晨检。晨检是托育机构卫生保健工作的一个重要环节。通过这一环节，不仅可以及早发现疾病，而且，对于一些潜在的不安全因素，也可以及时加以处理。同时，也能了解到婴幼儿在家庭中的生活情况，有利于保教人员更好地做好当日的工作以及密切家园的联系。

晨检工作应在婴幼儿每天清晨入园时进行，寄宿制托育机构应在婴幼儿早晨起床以后进行。负责晨检工作的人员可以是医务保健人员，也可以是经过相关培训的保教人员。

婴幼儿晨检的主要内容概括起来是：一摸、二看、三问、四查。"一摸"是指摸摸婴幼儿的前额部位，粗知婴幼儿的体温是否正常，摸摸幼儿颈部淋巴结是否肿大。"二看"是指认真查看婴幼儿的咽喉部位是否发红，观察婴幼儿的皮肤、脸色以及精神状况等有无异常。"三问"是指询问一下家长，婴幼儿在家里饮食、睡眠、排便等生活情况。"四查"是指检查婴幼儿有无携带不安全的物品到园内来，发现问题及时处理。

晨检中如果发现婴幼儿有身体不适或疾病迹象，应劝说家长带婴幼儿去医院检查，或暂时将该婴幼儿隔离，请保健医生进一步检查，然后再确定是否入班。

（2）全日观察。婴幼儿入园以后，保教人员在对婴幼儿进行日常保育和教育的过程中，应随时观察婴幼儿有无异常表现，重视疾病的早发现。全日观察的重点是：幼儿的精神状况、食欲状况、大小便状况、睡眠状况、体温等。

二、工作人员的健康检查

为了保证婴幼儿的健康，托育机构的工作人员在进入托育机构工作以前，都必须进行严格的健康检查，检查合格者方进入托育机构从事相关工作。

（1）工作人员上岗前必须进行健康检查，同时要接受每年一次的定期检查。

（2）体检必须到当地妇幼保健机构进行，并由体检单位按规定填写健康检查表。

（3）工作人员体检合格，由体检单位签发健康证明书后，方能上岗工作。

（4）对患有国家法定传染病及乙肝表面抗原阳性、滴虫性、霉菌性阴道炎、化脓性皮肤病、精神病、肢体残疾者不得从事保教工作、炊事员工作。

（5）在工作中发现患有急慢性传染病（包括疑似病人）及病原携带者以及有碍婴幼儿身心健康的疾病，要及时隔离和调离，待病愈后持妇幼保健机构的健康证明方可恢复工作。

（6）工作人员离岗1个月以上，应再次经区妇保院体检合格者方可恢复工作。

（7）保教人员健康检查项目。

病毒性肝炎、痢疾、伤寒、活动性肺结核、皮肤病、内外科常规、X光胸透、粪便细菌学培养（某些地区无此项）等。

扫码学习 7.5　儿童入园健康检查表

扫码学习 7.6　工作人员健康检查表

知识点拨

传染病预防与控制制度

（1）保健医具体负责托育中心传染病疫情收集、报告、晨检、食堂卫生、免疫预防等传染病防治工作。

（2）主动与疾病控制、卫生监督机构加强沟通，接受技术指导、培训、督导检查等工作。

（3）督促家长按免疫程序和要求完成儿童预防接种。配合疾病预防控制机构做好托幼机构儿童常规接种、群体性接种或应急接种工作。

（4）班级老师每日登记本班婴幼儿的出勤情况。打电话了解因病缺勤的婴幼儿患病情况和可能的原因。对疑似患传染病的，要及时报告给保健医。保健医接到报告后应当及时追查儿童的患病情况和可能的病因，以做到对传染病人的早发现。

（5）在托育机构内发现疑似传染病例时，及时将患儿送到隔离室，采取有效的隔离控制措施。隔离室内环境、物品便于实施随时性消毒与终末消毒，控制传染病在园内暴发和续发。

（6）积极配合当地疾病预防控制机构对被传染病病原体污染（或可疑污染）的物品和环境实施随时性消毒与终末消毒。

（7）发生传染病期间，加强晨午检和全日健康观察，并采取必要的预防措施，保护易感儿童。对发生传染病的班级按要求进行医学观察，医学观察期间该班与其他班相对隔离，不办理转园手续。

（8）保健医定期对婴幼儿及其家长开展预防接种和传染病防治知识的健康教育，提高其防护能力和意识。传染病流行期间，加强对家长的宣传工作。

（9）患传染病的婴幼儿隔离期满后，凭医疗卫生机构出具的痊愈证明方可返园（所）。根据需要，来自疫区或有传染病接触史的婴幼儿，检疫期过后方可入园。

扫码学习 7.7　常见疾病预防与管理制度

扫码学习 7.8　健康教育制度

扫码学习 7.9　卫生保健信息收集制度

扫码学习 7.10　卫生信息样表集合

任务实操 7-3-1

以小组为单位,模拟托育机构发现"手足口"患儿后应当采取的措施。

巩固提升

一、单项选择题

1. 不得从事保教工作的是（　　）。
   A. 乙肝表面抗原阳性　　　　　B. 湿疹
   C. 过敏性鼻炎　　　　　　　　D. 荨麻疹
2. 新设立的托育机构招生前应当取得（　　）以上卫生行政部门指定的医疗卫生机构出具的符合《卫生规范》的卫生评价报告。
   A. 国家级　　　　B. 省级　　　　C. 市级　　　　D. 县级

二、判断题

1. 婴幼儿每日的健康观察主要包括入园时的晨检和全日的观察,由保健医实施。
   （　　）
2. 托育机构根据《托儿所幼儿园卫生保健管理办法》建立十项卫生保健制度,并符合实际情况,具有可操作性,才有可能获得备案资格。（　　）
3. 托育机构的工作人员工作人员上岗前必须进行健康检查,同时要接受每两年一次的定期检查。（　　）

拓展资源

扫码学习 7.11　AED 的使用

扫码学习 7.12　心肺复苏口诀

✦ 考核评价

班级_____ 组别_____ 姓名_____ 学号_____ 日期_____ 评价项目_____

评价阶段	评价内容	分值	佐证材料	学生自评	小组互评	教师评价	平台数据
课前自学	"在线课堂"完成度	10	平台完成度数据				
	自学自测	10	是否完成测试题				
课中实训	任务实操 7-1-1	20	实操任务完成情况				
	任务实操 7-2-1	20	实操任务完成情况				
	任务实操 7-3-1	10	实操任务完成情况				
	素质目标达成情况	5	是否初步具备敬佑生命、甘于奉献的职业精神				
		5	是否具有持之以恒、一丝不苟的工作态度				
课后提升	巩固提升	10	课后练习完成度				
	拓展资源	10	平台完成度数据				
合计		100	教师签名				
项目得分							

评价说明：在本项目完成之后，由任课老师主导，采用过程性评价与结果评价相结合，综合运用自我评价、小组评价和教师评价三种方式，由教师确定三种评价方式分别占总成绩的权重，计算出学生在本项目的考核评价得分。（平台数据完成的打√；未完成的打×）

项目八
托育机构安全管理

项目概述

托育机构安全管理是指为了保护婴幼儿的生命、健康和权益,确保他们在托育机构中得到安全照料和优质教育而采取的一系列措施和管理实践。托育机构安全管理的目标是建立一个安全、健康、有益于婴幼儿成长的环境。本项目重点介绍托育机构人员安全管理、环境安全创设、常见伤害预防、设施设备安全管理、风险评估与管理。

学习目标

素质目标
1. 培养安全无小事的安全意识和责任心。
2. 培养以预防为主的前瞻性思维。

知识目标
1. 掌握安全管理的内容和要求。
2. 掌握托育机构安全事故的处理流程。

能力目标
1. 能够根据安全管理的内容和要求开展工作,排除安全隐患。
2. 能够协助托育机构负责人妥善应对和处理托育机构安全事故。

案例导入

2023年"3·15"消费者权益日来临之际,为保障消费者合法权益,规范托育机构婴幼儿照护安全工作,加强行业自律,推动婴幼儿照护服务行业健康发展。同时根据济南市市卫健委要求,由济南市婴幼儿托育服务行业协会组织起草济南市婴幼儿照护安全工作规范研讨会,研讨制定了济南市婴幼儿照护安全工作规范,该托育服务行业自律安全规范为全国首发。

为什么政府主管部门、托育服务行业和机构都特别重视安全管理工作呢?

课前自学

托育机构安全管理的重要意义

0~3岁婴幼儿是社会上"最柔软的群体",近年来,随着家庭结构的变化和家长对科学育儿重视程度的提升,托育机构作为婴幼儿照顾和教育的重要场所,做好托育机构安全管理工作,呵护入托婴幼儿的身心健康,是托育机构最基础的保障。

(1)托育机构的安全管理能够保障婴幼儿的身心安全。婴幼儿是家庭的希望和未来,托育机构作为长时保育场所,安全管理工作至关重要。通过建立严格的安全规章制度,加强设施设备检查和安全培训,托育机构能够预防和减少事故的发生,有效保护婴幼儿免受伤害。

(2)安全管理可以预防事故和风险。托育机构存在各种潜在的风险,如火灾、溺水、跌倒、中毒等。通过制定消防预案、设立安全警示标识、安装监控摄像等措施,可以有效减少事故的发生,并及时应对潜在的安全风险。

(3)安全管理能够提高家长的信任感。家长选择将孩子托付给托育机构时,最关心的是孩子在机构内的安全状况。良好的安全管理能够增加家长对机构的信任感,建立稳定的信任关系。家长会更加放心地将孩子交给安全管理得当的机构照顾,从而保证孩子的身心安全。

(4)安全管理是合规经营和法律责任的基础。托育机构作为在法律框架下运营的机构,必须遵守相关法律法规并承担相应的责任。安全管理是合规经营的基础,机构需要建立完善的安全管理制度,确保符合相关法规要求,能够在安全事故发生时承担相应的法律责任。

(5)良好的安全管理能够提升机构的声誉和竞争力。托育机构的声誉是保持机构良好运行的重要因素之一。安全管理得当的机构能够保持良好的口碑,吸引更多的家长选择。相反,安全事故频发或安全管理混乱的机构则可能受到社会舆论的谴责,影响其声誉和运营。因此,安全管理不仅是一项法定要求,也是托育机构提升声誉和竞争力的重要因素。

综上所述,托育机构安全管理具有重要意义,对于保障婴幼儿的身心安全、预防事故和防范风险、提高家长的信任感、合规经营和法律责任以及提升机构声誉和竞争力等方面都起到至关重要的作用。只有加强安全管理,托育机构才能为孩子们提供一个安全、健康的成长环境。

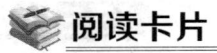

托育机构安全管理的主要内容

托育机构应当建立托育机构负责人责任制的安全管理体系,《托儿所幼儿园卫生保健管理办法》(以下简称《管理办法》)第九条明确规定了托幼机构的法定代表人或者负责人是本机构卫生保健工作的第一责任人,全面负责托育机构婴幼儿安全、员工安全和财产安全管理。

托育机构建立健全日常安全防护措施和检查制度，配备必要的保安人员、物防和技防设施；应当建立和完善机构在入托、在托、离托各环节安全工作流程标准；应当制定重大自然灾害、火灾、疫情等突发事件的应急管理预案；应当定期对工作人员进行安全教育和突发事件应急处理能力的培训和演练。

托育机构安全管理的主要内容包括以下几个方面。

（1）人员管理：确保所有从业人员具备相关资质和背景，进行合理的招聘、培训和管理。这包括对托育人员的背景调查、健康检查和职业培训等，确保他们具备良好的职业素养和专业技能。

（2）安全环境：创建一个适宜的、安全的托育环境。这包括对场所的安全设施、卫生条件、消防设备、内外部安全监控系统等的规划、配置和维护。同时，定期对环境进行排查和巡检，及时修复存在的安全隐患。

（3）事故预防和应急措施：制定并执行一套完善的事故预防措施和应急计划，明确工作人员的职责和行动步骤。这包括对各类事故风险进行评估和管理，进行演练和培训等，以应对火灾、自然灾害、意外伤害等紧急情况。

（4）婴幼儿保护：确保婴幼儿在托育机构中的身心安全。对婴幼儿进行全面的安全保护，包括对婴幼儿的健康状况进行监测、健康饮食的提供、常规医疗保健和防病措施等。此外，建立良好的家长沟通机制，及时了解和解决婴幼儿的需求和问题。

（5）安全政策和规章制度：制定明确的安全政策和规章制度，明确工作人员和家长的责任和义务。包括规范托育机构各项工作流程、行为准则、安全管理细则等，以确保安全管理的一致性和有效性。

（6）媒体和社会关系管理：建立健全的媒体和社会关系管理机制，对外传递正面形象和信息，处理突发事件和危机公关，及时回应社会公众的关切和问题。

（7）监督和评估：建立合理的监督和评估机制，通过内部和外部的检查、考核、评估等手段，确保托育机构安全管理的有效性和持续改进。同时，接受相关部门的指导和监管，配合政府部门的督导和检查。

综上所述，托育机构安全管理的主要内容涵盖了人员管理、安全环境、事故预防和应急措施、婴幼儿保护、安全政策和规章制度、媒体和社会关系管理，以及监督和评估等方面。通过全面实施这些内容，可以确保托育机构提供安全、健康、有益于婴幼儿成长的服务。

课前自测

一、单项选择题

1. 托育机构安全管理工作的第一责任人是（　　）。
   A. 保健医　　　　　　　　　　B. 法定代表人或者负责人
   C. 保育员　　　　　　　　　　D. 保育师
2. 托育机构安全管理的主要内容是（　　）。
   A. 日常早期教育活动开展　　　B. 常见伤害预防
   C. 工作人员仪容仪表管理　　　D. 托育机构品牌宣传

项目八课前自测答案

二、判断题

1. 制定明确的安全政策和规章制度是托育机构安全管理的原则之一。（ ）
2. 安全环境建设应包括合理规划和配置场所、设施设备，但无须考虑卫生环境和监控系统的设置。（ ）

课中实训

实训目标

1. 能够根据管理部门的要求开展托育机构环境及设备的安全管理工作。
2. 能够根据婴幼儿身心发展规律开展托育机构保教活动的安全管理工作。
3. 能够按照管理部门的要求落实托育机构安全保健制度。
4. 培养安全无小事的安全意识和责任心、以预防为主的前瞻性思维。

实训条件

项目八实施条件如表 8-1 所示。

表 8-1　项目八实施条件

名　称	实　施　条　件	要　　求
实训环境	理实一体化教室	校园网无线 Wi-Fi，可在线观看线上资源
物品准备	① 签字笔； ② 记录本（活页）； ③ 手机或平板电脑等设备； ④ 投影仪或一体机	材料充足，满足实训需求
知识准备	① 具备托育机构安全管理的相关理论知识； ② 搜集国家和地方关于托育机构安全管理的相关文件	理解记忆相关知识点

实训步骤

以小组为单位，模拟托育机构班级环境，制定突发情况应急预案并进行演练。

1. 针对实地环境和所在班级的婴幼儿月龄特点，进行系统的安全评估。
2. 团队进行分工，明确在托育机构的工作角色。
3. 拟定突发情况或灾害的应急预案，制定应急流程，做好分工，明确职责。
4. 按照拟定的预案，进行一次应急演练。
5. 演练总结，分析演练过程中发现的问题和较好的经验，讨论修订应急预案的制定和执行过程中需要改善的环节。

任务一　了解托育工作人员安全管理

情境导入

某托育园一名30月龄幼儿吃水果后出现了一次呕吐，老师打电话给家长让送衣服。家长送衣服以后特地叮嘱老师一定要多关注。中午，家长还通过监控看到小朋友精神状态挺好，午饭也吃得不错。可孩子却在午睡期间出现意外，没有任何呼救声就离世了……

从事故还原的过程可看到，在13~14点午睡时间，13点20分时，幼儿表现出不适，一直在床上打转翻滚，当时保育人员看到后只是帮小朋友盖上了被子。13点50分，幼儿身体在床上，脑袋耷拉在地上。保育人员第二次上前，看到小朋友脸色苍白才去叫老师……

任务提示

1. 托育机构工作人员安全管理的意义是什么？
2. 托育机构工作人员安全意识包括哪些方面？
3. 托育机构工作流程安全管理包括哪些方面？

知识点拨

托育工作人员筛选与培训

在托育机构人员安全管理方面，严格筛选和培训托育人员是确保婴幼儿的安全和健康的重要环节。

一、筛选托育人员

托育机构一般应该严格用人筛选流程，通过必要的环节完成对于托育人员的最终选用。

（1）设定明确的上岗条件，明确岗位要求，例如年龄要求、相关教育背景、经验要求等，确保上岗人员条件符合国家的法律和规定。

（2）检查背景和资质，对申请人进行背景调查，包括教育和工作经历的核实、犯罪记录的检查等。还可以要求提供相关的证书和资质文件，如保育师证、婴幼儿发展引导员证等。

（3）必须进行面试并评估，通过面试环节了解申请人的专业知识、技能和工作经验。可以设置一些情景问题，考察其处理突发情况和应对能力。

（4）参考人推荐信，要求申请人提供参考人的联系方式，并通过联系参考人了解其对申请人的评价。

（5）进行必要的工作实践，为申请人安排一段时间的试用期，观察其与婴幼儿的相处以及应对各种情况的能力。

二、培训托育人员

一旦筛选出合适的托育人员，托育机构可以通过以下方式来进行培训。

（1）提供基础知识培训：包括婴幼儿发展、健康与卫生、安全管理等方面的基础知识，培训内容可以涵盖课堂理论学习和在线学习资源。

（2）实践操作培训：与理论知识相结合，通过实际操作和示范演示，让托育人员掌握正确的护理技巧、喂养方法、婴幼儿安全措施等。

（3）急救培训：提供急救知识和技能培训，使托育人员能够在紧急情况下正确应对，如窒息、呼吸困难、烫伤等。

（4）环境安全培训：教育托育人员如何评估和预防潜在的安全风险，包括室内外环境安全、急救设备的使用等。

（5）持续培训和更新：定期组织培训课程更新，使托育人员了解最新的安全管理标准和实践。同时提供相关的培训材料和资源，支持托育人员自主学习。

（6）定期评估和考核：通过考试、模拟演练和实际操作等方式，对托育人员的知识和技能进行评估和考核，确保其掌握和应用正确的托育技巧和安全管理措施。

（7）提供支持和反馈：建立良好的工作氛围，鼓励托育人员提出问题、分享经验，并及时给予反馈和指导，促进其持续成长和发展。

总结来说，严格筛选和培训托育人员需要明确上岗条件、进行背景调查和面试评估，同时提供系统化的知识和技能培训，定期评估和更新培训内容，为托育人员提供支持和反馈。这样可以确保托育人员具备必要的能力和素质，为婴幼儿提供安全、健康和质量的托育服务。

知识点拨

托育工作人员安全管理意识

安全管理意识是人们头脑中建立起来的工作必须安全的观念，是托育行业工作人员在日常工作活动中，对各种可能对婴幼儿或者成人造成伤害的外在环境条件的一种戒备和警觉的心理状态。

微课：托育机构工作人员安全管理意识

托育机构面向0~3岁婴幼儿提供照护服务，有其行业特有的运营环境，良好的安全管理意识有助于托育机构工作人员更好地保障婴幼儿的安全，提供一个安全、健康和适宜的成长环境。托育机构工作人员的安全管理意识应包含以下几个方面。

（1）婴幼儿安全意识：托育人员应具备对婴幼儿安全的高度重视和关注，了解婴幼儿的特点和需求，能够识别婴幼儿可能面临的安全风险，并采取相应的措施保障婴幼儿的安全。

（2）环境安全意识：托育人员应熟悉托育场所的安全设施和环境，掌握灭火器、逃生通道等安全设备的使用方法，具备及时发现和报告潜在的危险因素，确保托育环境的安全和卫生的能力。

（3）个人保护意识：托育人员应了解并遵守托育机构的安全制度和规章，正确佩戴个人防护装备，如手套、帽子等。托育人员应具备自我保护的意识和技能，知道如何应对可能发生的意外事件，并能有效应对紧急情况。

（4）交通安全意识：托育人员在接送婴幼儿或外出活动时，应遵守交通规则，确保婴

幼儿的交通安全。他们应注意观察和评估路况，选择安全的交通工具，并确保婴幼儿正确使用婴幼儿安全座椅等交通安全设施。

（5）食品安全意识：托育人员应严格遵守食品安全标准和操作规程，确保婴幼儿食物的卫生和安全。托育人员应了解并正确处理食品过敏、窒息等紧急情况，并能提供及时的急救措施。

（6）急救意识：托育人员应接受相关的急救培训，了解急救知识和技能，能够在紧急情况下迅速做出反应，并采取正确的急救措施，以保障婴幼儿的生命安全。

（7）与家长合作意识：托育人员应与家长建立良好的沟通和合作关系，分享婴幼儿的安全信息和重要事项。他们应倾听家长的意见和建议，共同关注婴幼儿的安全和福祉。

因此，树立牢固的安全管理意识，建立完善完备的安全管理体系，是托育机构健康持续运营的前提条件。托育行业工作人员必须秉持"居安思危、防微杜渐、措施常备、有备无患"的工作理念，时时刻刻保持安全管理意识。

扫码学习 8.1　托育机构工作人员安全管理意识检查表

任务实操 8-1-1

假设你的同伴正在从事婴幼儿托育工作，如何对他进行安全管理意识评估，并根据评估结果对其制定培训提升的内容纲要？

任务二　掌握托育机构伤害预防及安全环境创设

情境导入

某托育机构，22月龄幼儿午睡前打闹，被保育人员带至备餐区训斥。幼儿不慎将开水壶打翻，造成大面积烫伤。经警方介入调查，发现事发所处区域是监控死角，当事保育人员和该托育机构都已被追究相应法律责任。

任务提示

1. 托育机构中婴幼儿常见伤害有哪些？
2. 如何为婴幼儿创造一个安全的活动环境？

知识点拨

托育机构婴幼儿常见伤害

托育机构因环境因素或照护动作不规范，容易引起婴幼儿多种伤害，作为托育工作人员应了解常见的意外伤害种类、造成原因，并具备应对不同伤害的急救处理技能。

微课：托育机构婴幼儿常见伤害

一、婴幼儿常见外伤

造成外伤的原因有多种，包括尖锐物品管理不当、幼儿相互打闹、坠物、器械损坏、动植物伤害等，因此婴幼儿常见外伤包括擦伤、抓伤、瘀伤、撕裂伤、扎伤、割伤、砸伤、挤伤、异物嵌入等。

二、婴幼儿扭伤、脱臼

造成扭伤、脱臼的原因包括意外摔倒、重物或缝隙挤压、不当拖拽等。

三、婴幼儿烫伤

造成婴幼儿烫伤的常见原因包括饮食饮水温度、取暖设备、火源火种、电源电器等管理不当，常见症状包括皮肤或其他器官组织损伤。

四、异物梗塞

造成婴幼儿异物梗塞的常见原因包括细小物品管理不当、饮食饮水操作不规范等。

五、呼吸心跳停止

造成婴幼儿呼吸心跳停止的常见原因包括溺水、塑料袋遮盖口鼻、绳带绕颈、重物压覆、溺水等。

知识点拨

托育机构安全环境创设

2021年1月,国家卫健委办公厅印发《托育机构婴幼儿伤害预防指南(试行)》,指南对八大类常见婴幼儿伤害预防提供了技术指导。

托育机构应当参照该指南在以下几方面做好常见伤害的预防管理。

一、危险源排查

托育机构在日常运营中需要做好对机构内潜在危险的排查工作,并重点注意以下几个方面。

(1)台阶和楼梯处必须明显标识并采取相应的防护措施,以避免跌倒事故的发生。窗台、立柱等部位也需要进行圆角处理或采取柔性防护措施。

(2)教具和玩具应当有合理的分类收纳方式,随用随取,并在使用完毕后及时放回原位。禁止随意乱放,以防止婴幼儿和成人滑倒摔伤。

(3)对于存在高温或带电风险的区域,应设置相应的防护隔离装置,以防止婴幼儿接触而造成烫伤或触电等危险。

(4)沐浴和戏水设施使用完毕后应及时排水,周围地面也要及时清理,以防止积水引发滑倒事故。

(5)带有水景(如水池、鱼缸)或储水设备(如水箱、水缸)的区域,必须安装防护隔离装置,并且必要的设备要加上盖子进行防护。

(6)有毒性的药品、清洁用品等物品应放置在婴幼儿无法触及的地方,以避免误食引发危险。

(7)在选择教具、玩具和游乐器械时,应根据国家标准选用适合0~3岁婴幼儿使用的产品。这些产品不能有易脱落的部件(如螺钉螺母、装饰物等)和尖锐物品。需要使用电池驱动的产品,应配备有防止开启的电池盖。同时,在日常使用和存放电池时也要避免让婴幼儿接触到电池。

(8)机构内的动植物应符合0~3岁婴幼儿的特点,不能配置有毒性或容易对婴幼儿造成伤害的动植物。

二、婴幼儿服饰管理

在婴幼儿服饰管理方面,我们需要与家长进行充分的沟通,并确保家长自选和园区配备的服饰都符合0~3岁婴幼儿的年龄需求。具体要求如下。

(1)服饰管理:衣裤不能有系绳,也不能有易脱落的装饰品,并且应具备良好的透气性。

(2)头发管理:对于头发较长的婴幼儿,只允许使用质量良好的橡皮筋,但不能带有装饰品或尖锐物。

(3)鞋子选择:婴幼儿的鞋子应区分为室内鞋和室外鞋。鞋子不能有系绳,尺码必须合脚,鞋底要防滑且软硬适中,既不过硬刺脚,又能提供一定的强度支撑,有利于足弓的发育。

（4）入园注意事项：在婴幼儿入园时，应与家长沟通好，避免随身携带糖果、玩具等物品，以防止裹挟在衣物内发现不及时而造成其他危害。

三、婴幼儿睡眠照护管理

婴幼儿就寝期间，保育人员应全程陪伴，并做好以下照护。

（1）妥善放置床上用品、衣物等，被子应盖在腋下，防止对婴幼儿口鼻造成覆盖，防止婴幼儿翻身造成颈部缠绕。

（2）保育人员全程应随时观察每位婴幼儿睡姿和状态，并定时起身巡视，建议巡视间隔应在10~15min，触摸腹部、头部，确认呼吸频率、深度，检查脸色及全身状态。对月龄较小的婴幼儿应重点观察是否有吐奶情况。

（3）寝室温度夏天应保持在26~28℃，冬天应保持在20~23℃，湿度以50%~60%为宜。

四、饮食管理

在饮食管理方面，需要注意婴幼儿烫伤、刺伤、窒息等伤害的防范。

（1）哺乳期婴儿：进入托儿所时，保育人员应确认最后一次喂奶时间，并每隔4小时喂奶一次，根据月龄确定适量的奶量。当奶温降至40℃左右时，滴落于手腕内侧，感觉温热但不会烫伤时，方可喂食，以避免烫伤。喂奶后需确保婴儿打嗝3~5min，避免呛奶。

（2）大一些的婴幼儿：在饮水和就餐时，要求他们不能说笑或打闹，以防止发生梗塞。

（3）食材选择：严格检查食物的有效期，以防止使用过期食品。同时，严禁使用有毒食物或在烹饪过程中产生毒素。例如，禁止过长时间浸泡菌类，以避免糊状；禁止食物烹饪温度不足导致未煮熟；对于含草酸的食材如菠菜、含皂素的豆荚类食材、含秋水仙碱的黄花菜等，需要充分焯水处理。

（4）食物制作：在食物中，要杜绝出现鱼刺、小骨头、小坚块、果冻等异物。

五、团队配合，安全站位

托育机构保育人员应具备环境风险评估的能力，并学会随时处于防御性安全站位上，其根本原则是一旦发生意外，保育人员能够及时发现、及时防护、及时处理，避免因发现处置不及时对婴幼儿造成更严重的伤害。

1. 班级保育区域

每个班级应根据婴幼儿入托数量配备两名及以上保育人员，所有保育人员应具备团队配合意识，合理分配班级站位，确保每名婴幼儿都在保育人员的视线范围内，杜绝出现个别婴幼儿处于所有保育人员背身的位置。比如，当有一名保育人员A处于班级中心带领婴幼儿活动时，应至少有一名保育人员B需站位到保育人员A的背身处，以便及时发现和处理这一区域婴幼儿出现的意外情况。

尽量避免单个保育人员留在班级，如有特殊情况处于该情形，保育人员应确保所有婴幼儿处于自己视野中。如有必要，需在班级操作台等保育人员需背身操作的区域加装婴幼儿不能触及的反光镜，确保保育人员在背身进行清洗、换尿不湿等操作时能随时环顾班级。

2. 沐浴、戏水、盥洗区域

当有婴幼儿处于沐浴、戏水、盥洗区域时，保育人员需贴近保护，随时对可能出现的呛水、滑倒等意外进行防护。禁止将婴幼儿单独留在此类区域。

3. 游戏活动区域

婴幼儿在活动区域进行游戏活动时，应确保足够配比的保育人员在场并做好分工；对于攀爬、跨越、蹦跳区域须有专门保育人员负责看护；同时，根据固定点位的人员站位，相对应的匹配足够的保育人员负责弥补视野盲区。

4. 楼梯、台阶等区域

托育机构日常在婴幼儿转移区域通过楼梯、台阶等位置时，需安排专门保育人员贴近照护，确保所有婴幼儿在保育人员视线范围内，避免出现跌倒、拥挤。

防御性安全站位没有完全统一的标准，各机构应当结合自身环境布局特点，根据人员配比和现场环境，针对婴幼儿可能出现的区域，做好相应的团队配合分工。

扫码学习 8.2 《托育机构婴幼儿伤害预防指南（试行）》

扫码学习 8.3　托育机构急救物资配置建议

任务实操 8-2-1

模拟演练一名 24 月龄婴幼儿发生异物梗塞，请用正确的方法进行急救。

任务三　了解托育机构安全设施及监控技术管理

情境导入

某托育机构夜间发生外来入侵，外来人员撬开窗户后进入室内偷盗计算机、手机等。由于园区配备了门窗安全防护设施，在外来人员入侵的第一时间，系统向机构负责人及安全管理人员发送了警报，相关人员立即报警。凭借室内室外完善的监控设备，警方很快掌握了入侵人员的体貌特征及交通工具信息，在第二天就将该名犯罪人员抓获，挽回了托育机构的损失。

任务提示

1. 托育机构安全设施包括哪些？
2. 托育机构对于监控设备及录像存储有哪些要求？

知识点拨

托育机构常用安全设施设备

婴幼儿托育机构的安全设施通常有以下几类，并且需要定期进行检查和维护。

微课：托育机构常用安全设施设备

一、防火设施

装备有可靠的火灾探测器和自动报警装置，能迅速发现火灾并及时报警。

（1）火灾报警系统：包括感烟探测器、手动火灾报警按钮等，能及时发现火灾并发出警报。

（2）灭火器和灭火器柜：摆放数量足够的灭火器，并保持其正常状态，放置在易于寻找和操作的位置。

二、紧急疏散通道

紧急疏散通道应配备清晰可见的标志和照明系统，以指引婴幼儿和工作人员快速疏散。根据国家消防验收要求，一般应配备两条紧急疏散通道，平时应保持通道畅通，不能堆放杂物。

三、安全门窗

（1）采用防盗门或防火门，并配备可靠的锁具，以防止未经授权的人员进入或婴幼儿意外打开。

（2）窗户锁和护栏：设置安全锁和护栏，以防止婴幼儿意外打开或跌落。

必要时，应配备可视门铃、破窗报警器等设备。

四、安全护栏和围栏

在需要限制婴幼儿活动范围的区域设置安全护栏或围栏，防止他们接触到危险物品或陷入危险区域。

五、视频监控系统

（1）按照《托育机构管理规范（试行）》第三十二条的规定，托育机构应当建立照护服务、安全保卫等监控体系。

（2）监控报警系统确保24小时设防，婴幼儿生活和活动区域应当全面覆盖。监控录像资料保存期不少于90日。

六、防跌倒设施

使用防撞垫、软墙角等设施，减少婴幼儿摔倒时的伤害。

七、安全警示标识

设置明确可见的安全标识，如摔倒警示、电源警示等，提醒婴幼儿和工作人员注意安全。

八、急救设备和药品储存柜

配备急救箱、心肺复苏设备等急救设备，并设置妥善的药品储存柜，以应对常见的急救情况。

当选择和维护这些安全设施时，托育机构需要确保其符合相关法规和标准，并定期进行检查、测试和维护。同时，托育机构还需培训工作人员，使他们熟悉设备的使用方法，知晓紧急情况下的应对措施，并定期进行演习和模拟逃生训练。这样可以最大限度地确保婴幼儿在托育机构内的安全。

知识点拨

托育机构入离园安全规范

婴幼儿入离园管理是托育机构安全管理的重要环节，入离园安全管理规范能够确保婴幼儿在进出托育机构的过程中得到有效的保护，因此相应的工作程序和应急措施必须明确，并且确保托育工作人员和家长对入离园安全规范的理解和执行一致，以预防意外事件的发生。

托育机构在制定入离园安全规范时，应重点关注以下几点。

（1）拟定明确的入离园程序：制定详细的入离园程序，包括家长签到/签出、身份验证、进出记录等，确保每个婴幼儿都能被准确记录并核对。只允许经过验证并获得授权的人员接送婴幼儿。在婴幼儿离园前，与家长进行确认，核对婴幼儿身份和接送人员的身份，使用电子或纸质的接送登记系统，记录婴幼儿进出托育机构的时间、日期、接送人员等信息，确保录入准确、可追溯。

（2）家长授权和认证：要求家长提供书面授权以授权固定家庭成员完成日常接送。同时，建立认证系统，通过验证特定身份证件来确保接送人员的合法性。

（3）规范化家长通知：当遇到特殊情况，如提前送托、临时变更接送人时，要求家长提前告知托育机构有关接送安排的详细信息，包括接送时间、接送人员等。工作人员需电话与家长沟通确认以上信息，并变更记录。

（4）强化人员管理：确保托育机构内部的工作人员具有良好的职业素养和道德标准。加强员工安全意识培训，并严格审核和管理内部人员的出入。

（5）安全监控设备：在入口处、走廊、活动区域等关键位置安装安全监控设备，以监控婴幼儿的进出和可能的安全隐患。

（6）提供紧急联系方式：向家长提供托育机构负责人、紧急联系人的电话号码，以便在紧急情况下进行沟通和联系。

扫码学习 8.4　托育机构数据隐私和信息安全防护

（7）审查并完善规范：定期评估和审查婴幼儿托育机构的入离园安全管理规范，根据实际情况进行必要的改进和完善。

任务实操 8-3-1

以小组为单位，制定托育机构入园、离园安全规范，模拟演练入园、离园流程。

任务四　掌握托育机构安全评估与应急处理

情境导入

某托育机构制定有完善的安全管理体系，并对常见意外及灾害的发生制订了应急预案。在 11 月 9 日全国消防安全日之际，托育机构邀请当地消防队员和部分家长，共同进行了日常消防安全培训，并在全员开展了一次消防应急预案演练。演练过程中，模拟机构发生火灾，所有工作人员分工得当、沉着应对，在五分钟内就将所有婴幼儿安全有序地撤离出园区。演练结束后，消防队员带领所有工作人员和家长复盘了本次演练的内容，并提出了几点改进意见。本次活动进一步提升了所有工作人员的安全意识和应急流程执行能力，同时该机构完善的安全管理工作也得到了家长的一致认可。

任务提示

1. 如何开展托育机构安全评估？
2. 如何制定安全应急管理预案？

知识点拨

托育机构安全管理评估

托育机构安全管理评估是对托育机构的安全管理体系进行全面评估和检查，以确保托育环境的安全和婴幼儿的健康，评估工作的开展应本着全面性、客观性和法律合规性的原则。

微课：托育机构安全管理评估

评估的范畴包括：机构安全管理规章制度、应急预案、人员管理制度等制度管理体系的安全评估；室内外环境、卫生、防火、监控、防侵入等设施设备的安全评估；婴幼儿行为管理、健康管理、心理情感关怀等照护安全规范安全评估；工作人员背景核查、资质情况、培训管理经验、心理体质健康等方面的从业人员安全评估等四方面。

开展安全管理评估的主要目的是保障婴幼儿安全，规范托育机构运营标准，提升机构安全管理水平，增强家长对于机构品牌的信任。在开展评估的各阶段应重点做好相应工作。

评估筹备阶段：需要确定评估的目的、范围、内容、标准和评估者，收集机构安全管理的相关材料和信息。

实施阶段：对托育机构各区域进行现场检查，采集数据，检查各区域设施设备、人员档案、环境创设是否符合标准，与管理人员和工作人员进行访谈，了解托育日常安全制度的落实情况和存在的问题。

分析与评估阶段：对收集到的检查文件进行整理和分析，评估托育机构是否符合安全管理要求，发现存在的问题和不足，并提供改进建议和措施。

监督和跟进阶段：定期监督和跟进托育机构改进措施的实施情况，并进行必要的再次评估。

知识点拨

托育机构安全应急管理预案

托育机构针对常见的灾害和安全威胁，应制定完善的应急管理预案，防患于未然，确保遇到突发事件，全园能够提高应急响应能力，确保婴幼儿和员工的安全。

一、安全应急管理组织

首先应成立机构安全应急管理小组，机构负责人为小组第一责任人。应急管理小组架构分为以下方面。

（1）领导层。由机构负责人任组长，可以任命骨干人员担任副组长，是安全应急管理的最高层领导，负责整体安全策略和政策的制定。监督和指导安全应急工作，并为其提供资源和支持。

（2）安全应急主管/经理。负责制订、实施和评估安全应急管理计划；组织培训和指导员工，确保他们了解和遵守安全政策和程序；协调与外部机构（如消防部门、医疗机构等）的合作与沟通。

（3）应急小组。负责具体的应急工作，包括火灾疏散、急救等；由一组经过培训的员工组成，能够迅速响应紧急情况；每个小组成员负责特定的职责，如疏散引导、急救处理等。

（4）安全监测员。负责安全巡查工作，定期检查安全设施、器材的完好性和可用性；监测和报告潜在的安全隐患，并及时采取措施进行修复。

（5）培训教育部门。负责组织定期的安全培训，提升员工的应急反应能力和安全意识；开展演练活动，检验和提高员工在紧急情况下的应对能力。

（6）息管理和通信人员。负责建立和维护安全信息管理系统，记录和归档安全事故和应急事件；负责与内外部的信息沟通和联系，确保及时准确地传达相关信息。负责与消防部门、医疗机构、警察等外部合作机构建立和维护联系；在紧急情况下向相关机构求助，协助处理紧急事件。

此外，有条件的机构可以组织托育机构员工和家长代表，设立安全委员会负责监督安全制度的执行情况，提出改进建议，并参与制定安全措施。

二、安全应急管理预案制定

托育机构常见安全管理预案有以下几项。

（1）火灾应急预案：针对火灾风险，预先制定火灾应急预案，包括明确的报警流程、疏散路线和集合点、灭火器材的位置和使用方法等，以确保在火灾发生时能够迅速响应并保障婴幼儿的安全。

（2）自然灾害应急预案：针对地震、洪水、台风等自然灾害，制定相应的应急预案。其中包括灾害发生时的疏散指引、安全区域选择、婴幼儿保护和安全计划等，以最大限度地减少灾害对婴幼儿的影响。

（3）医疗急救预案：针对婴幼儿可能发生的突发疾病、意外伤害等情况，制定医疗急救预案。包括就医联系人及电话、婴幼儿常见疾病的处理方法、基本急救知识的传授等，以确保在紧急情况下能够迅速采取适当的医疗救助措施。

（4）安全设施故障应急预案：针对电力、供水、燃气等安全设施的故障情况，制定相应的应急预案。包括如何及时报修、如何采取临时措施保障婴幼儿的安全、如何向相关机构求助等。

（5）外部威胁应急预案：针对潜在的外部恶意人员入侵、绑架等威胁，制定相应的应急预案。包括警报系统的使用、紧急情况下与警方的协作、婴幼儿的保护措施等，以确保婴幼儿的安全。

这些应急预案需要详细说明事件发生时的具体行动步骤、责任人的职责和联系方式，并进行定期演练和培训，以提高托育机构工作人员应对突发事件的能力和反应速度。根据实际情况和地区特点，还可以制定其他类型的安全应急预案，以全面保障婴幼儿的安全。

三、安全应急管理预案示例

为便于了解托育机构安全应急管理预案的内容，提供火灾、溺水应急预案示例，请注意，此处的预案仅为示例，实际情况需要根据托育机构的具体情况进行详细制定，同时遵循当地相关法律法规和消防部门的要求。

此外，请特别注意，在应急管理工作中，定期检查、演练和更新预案是至关重要的，应确保预案的有效性和及时性。

火灾应急预案示例如下。

1. 火灾报警和通知

安装火灾报警器，并定期检查和维护；火灾发生时，立即按下火灾报警器或拨打紧急电话（如救火电话）报警。

2. 婴幼儿疏散计划

制订火灾疏散计划，并在明显位置张贴疏散路线图；确定合适的疏散出口，并保持通畅；指定员工负责引导婴幼儿疏散，确保婴幼儿的安全。

3. 急救和灭火设备

确保托育机构配备适量的灭火器材，并定期检查其有效性；员工需要接受基本的灭火器使用培训，并知道不同类型火灾对应的合适灭火器材。

4. 婴幼儿人数清点和确认

在疏散过程中，确保清点并确认每个孩子的安全；在集合点进行再次清点，确保所有婴幼儿都安全集结。

5. 与消防部门和相关单位的合作

建立与当地消防部门的联系，并定期进行演习和培训；与邻近单位或社区建立沟通合作机制，以便相互支持和协助。

6. 定期演练和培训

进行定期的火灾疏散演练，包括婴幼儿和员工参与；提供适当的培训，使员工了解火灾预防、报警程序、疏散路线和应急处置措施。

7. 火灾事后处理

确保所有婴幼儿和员工安全疏散后，调查火灾原因，并采取相应的修复措施；提供心理疏导和支持，帮助婴幼儿和员工恢复情绪。

扫码学习 8.5　婴幼儿溺水伤害应急预案　　　扫码学习 8.6　托育机构媒体危机管理和舆情应对

任务实操 8-4-1

模拟演练将开设一所托育机构，请列出机构安全评估达标的工作标准清单。

巩固提升

案例讨论：2021 年 4 月 27 日晚，某市公安局某分局通报，该市某幼儿园托育班一名两岁五个月的孩子被老师单独带到办公室后，被老师用热水烫伤，经医生诊断为左手深Ⅱ度烫伤，面积 1%。据托育班老师刘某某供述，因孩子之间打闹，其将幼儿带至教师办公室批评教育，期间用热水将该幼儿手部烫伤，刘某某因涉嫌虐待婴幼儿罪被依法刑事拘留。

以上是由刑事案件引起的安全事故，小组讨论该案件对我们进行安全管理有什么启示？

拓展资源

扫码学习 8.7　济南市婴幼儿照护安全工作规范

✦ 考核评价

班级_____ 组别_____ 姓名_____ 学号_____ 日期_____ 评价项目_____

评价阶段	评价内容	分值	佐证材料	学生自评	小组互评	教师评价	平台数据
课前自学	"在线课堂"完成度	10	平台完成度数据				
	自学自测	10	是否完成测试题				
课中实训	任务实操 8-1-1	10	实操任务完成情况				
	任务实操 8-2-1	10	实操任务完成情况				
	任务实操 8-3-1	10	实操任务完成情况				
	任务实操 8-4-1	20	实操任务完成情况				
	素质目标达成情况	5	是否具备安全无小事的安全意识和责任心				
		5	是否建立了以预防为主的前瞻性思维				
课后提升	巩固提升	10	课后练习完成度				
	拓展资源	10	平台完成度数据				
合计		100	教师签名				
项目得分							

评价说明： 在本项目完成之后，由任课老师主导，采用过程性评价与结果评价相结合，综合运用自我评价、小组评价和教师评价三种方式，由教师确定三种评价方式分别占总成绩的权重，计算出学生在本项目的考核评价得分。（平台数据完成的打√；未完成的打×）

项目九
托育机构膳食管理

项目概述

饮食是婴幼儿照护的重要内容之一,对婴幼儿健康成长意义重大。托育机构应遵循婴幼儿的成长特点和规律,为婴幼儿提供科学、规范的膳食喂养服务。托育机构膳食管理是托育机构管理工作的重要组成部分,是对托育机构膳食工作各个环节进行组织实施、管理评价的过程。托育机构膳食管理要求托育从业人员掌握:不同月龄婴幼儿营养与喂养要点、托育机构膳食与营养要求、托育机构膳食管理内容、托育机构膳食工作流程、托育机构食品安全事故处理等。

本项目重点学习托育机构膳食与营养要求、托育机构膳食管理工作流程、托育机构食品安全事故处理等。

学习目标

素质目标

1. 遵守法律法规,依法科学管理托育机构膳食工作。
2. 强化安全意识和责任意识,做好托育机构膳食管理。

知识目标

1. 了解国家出台的托育相关法律法规。
2. 掌握托育机构膳食管理工作流程。
3. 掌握托育机构食品安全事故处理。

能力目标

1. 能够按照相关法律法规进行托育机构膳食管理。
2. 能够依据相关要求落实托育机构膳食管理工作流程。
3. 能够依据相关要求预防和处理托育机构食品安全事故。

案例导入

据报道,2022年6月17日,某市某区幼儿园多名儿童出现不同程度高烧、呕吐、腹泻等疑似食物中毒的症状。6月19日,莲湖区疾控中心随即赶到幼儿园开展排查,疾控中心专家共搜索到病例 135 例，并对患儿的呼吸道分泌物和粪便提取化验。

区疾控中心工作人员接受采访时表示，针对此事件，疾控中心已提取患儿呼吸道分泌物和粪便进行化验，同时对幼儿园食物来源进行调查。通过相关专家的初步判断，涉事幼儿园患病儿童病因可能为沙门氏菌感染，但最后确认还需以官方发布为准。区教育局工作人员表示，下一步将给患病儿童报销医疗费、营养费等，以确保儿童和家长的权益。

课前自学

阅读卡片

《中国婴幼儿喂养指南（2022）》

2022 年 6 月 1 日，中国营养学会组织编写的《中国婴幼儿喂养指南（2022）》正式发布，这次发布包括三个专项指南：《0~6 月龄婴儿母乳喂养指南》《7~24 月龄婴幼儿喂养指南》和《学龄前儿童膳食指南》。绘制了配合指南的"7~24 月婴幼儿平衡膳食宝塔"和"学龄前儿童平衡膳食宝塔"。《中国婴幼儿喂养指南（2022）》的发布有助于普及婴幼儿合理喂养的科学知识与理念，为家庭和机构科学喂养婴幼儿提供了专业指导和技术支持。

《托育机构婴幼儿喂养与营养指南（试行）》

为进一步加强对托育机构工作的指导，提高托育机构服务质量，保障婴幼儿安全健康成长，国家卫生健康委组织编写了《托育机构婴幼儿喂养与营养指南（试行）》。《指南》共分为四个部分，前两部分分别针对 6~24 月龄婴幼儿和 24~36 月龄幼儿特点，提出了喂养与营养要点。第三部分针对婴幼儿食育，就如何让婴幼儿感受、认识和享受食物，培养良好进食行为和饮食习惯，启蒙中华饮食文化，提出了指导和建议。第四部分从规章制度建设、膳食和营养要求两方面，向托育机构提出喂养和膳食管理方面的指导和建议。

扫码学习 9.1 《中国婴幼儿喂养指南（2022）》　　扫码学习 9.2 《托育机构婴幼儿喂养与营养指南（试行）》　　扫码学习 9.3 《国民营养计划（2017—2030 年）》　　扫码学习 9.4 《婴幼儿喂养健康教育核心信息》

阅读卡片

《中华人民共和国食品安全法实施条例》

《中华人民共和国食品安全法实施条例》（以下简称《食品安全法实施条例》）于 2009 年 7 月 20 日公布，根据 2016 年 2 月 6 日《国务院关于修改部分行政法规的决定》修订，

2019年3月26日国务院第42次常务会议修订通过，2019年10月11日中华人民共和国国务院令第721号公布，自2019年12月1日起施行。

这次食品安全法实施条例的修订，坚持以人民为中心，坚持"四个最严"要求，围绕夯实主体责任、强化全过程监管、提高违法成本等重点内容，在食品安全法的基础上，补短板、强弱项，以良法善治，为人民群众"舌尖上的安全"保驾护航。修订后的《食品安全法实施条例》共10章86条。修订的重点集中在几个方面：一是细化食品安全法的原则规定。比如，细化了食品生产经营企业主要负责人的责任；细化了学校和托幼机构等集中用餐单位食品安全责任；细化了生产经营、贮存运输、追溯体系、市场退出等全过程管理要求；细化了"情节严重"的情形规定等，为督促落实生产经营者主体责任提供更具操作性的制度规范。二是强化对违法违规行为的惩罚。比如，提高违法成本，增设"处罚到人"制度，最高可处法定代表人及相关责任人年收入10倍的罚款；建立严重违法食品生产经营者"黑名单"制度，实施信用联合惩戒；健全食品安全行政执法与公安机关行政拘留衔接机制等，目的是让不法分子不敢以身试法。

扫码学习9.5《中华人民共和国食品安全法实施条例》全文

课前自测

一、填空题

1. 《托育机构婴幼儿喂养与营养指南（试行）》共分四个部分，前两部分分别针对_____月龄婴幼儿和_____月龄幼儿特点，提出了喂养与营养要点。第三部分针对_____，就如何让婴幼儿感受、认识和享受食物，培养良好进食行为和饮食习惯，启蒙中华饮食文化，提出了指导和建议。第四部分从_____、_____两方面，向托育机构提出喂养和膳食管理方面的指导和建议。

2. 《托育机构管理规范（试行）》中指出：托育机构应当_____，科学制定食谱，保证婴幼儿_____。有特殊喂养需求的，_____应当提供书面说明。

3. 比较不同月龄婴幼儿喂养与营养要点并填入表9-1。

表9-1　不同月龄婴幼儿喂养与营养要点

婴幼儿月龄	喂养与营养要点
6~24月龄	
24~36月龄	

二、判断题

1. 2019 年修订的《食品安全法实施条例》中规定学校、托幼机构、养老机构、建筑工地等集中用餐单位的食堂应当执行原料控制、餐具饮具清洗消毒、食品留样等制度。
（　　）

2. 《托育机构管理规范（试行）》中指出：备案时，托育机构提供餐饮服务的，应当提交《食品经营许可证》。
（　　）

3. 2019 年新颁布的《托儿所、幼儿园建筑设计规范》中提到：乳儿班和托小班的配餐区应临近对外出入口，并设有调理台、洗涤池、洗手池、储藏柜等，应设加热设施，宜设通风或排烟设施。
（　　）

课中实训

项目九课前自测答案

实训目标

1. 了解国家出台的托育机构相关法律法规。
2. 掌握托育机构婴幼儿膳食和营养要求。
3. 掌握托育机构膳食管理工作流程。
4. 能够依据相关要求预防和处理托育机构食品安全事故。
5. 增强法律意识，养成条理细致学习态度。
6. 培养探索、实践意识，能根据所学理解、指导实践。

实训条件

项目九实施条件如表 9-2 所示。

表 9-2　项目九实施条件

名　称	实　施　条　件	要　　求
实训环境	理实一体化教室	校园网无线 Wi-Fi，可在线观看线上资源
物品准备	① 签字笔、记录本（活页）； ② 手机或平板电脑等录音录像设备； ③ 投影仪或一体机	案例材料充足，满足学生需求
知识准备	① 初步理解关于托育机膳食管理的国家指导文件； ② 初步了解国家食品安全相关法律； ③ 初步具备一定的法律法规意识	浏览理解相关文件、知识点

项目九 托育机构膳食管理

 实训步骤

1. 梳理不同月龄婴幼儿喂养和营养要点。
2. 理解托育机构膳食与营养要求。
3. 小组实践托育机构膳食工作流程。
4. 小组讨论托育机构食品安全事故处理。

任务一　认识托育机构膳食管理

情境导入

在前面的先导案例中,这家托幼机构出现食品安全事故,违背托育机构膳食管理工作要求,对婴幼儿身心健康造成不良影响。那托育机构应如何对婴幼儿进行膳食喂养?托育机构的膳食管理工作又包括哪些内容?怎样才能做好托育机构膳食管理工作呢?

任务提示

1. 托育机构膳食与营养要求有哪些?
2. 托育机构膳食管理的内容包括哪些?
3. 托育机构膳食管理制度包括哪些?

知识点拨

托育机构膳食与营养要求

《托育机构婴幼儿喂养与营养指南(试行)》第四部分提到了托育机构膳食与营养要求,明确指出:食品应储存在阴凉、干燥的专用储存空间。标注配方食品的开封时间,每次使用后及时密闭,并在规定时间内食用。配方食品应按照产品使用说明按需、适量调配,调配好的配方奶1次使用,如有剩余,直接丢弃。配方食品在规定的配餐区完成。调配好的配方奶,喂养前需要试温,做好喂养记录。

微课:托育机构膳食与营养要求

(1)托育机构应根据不同月龄(年龄)婴幼儿的生理特点和营养需求,制定符合要求的食谱,并严格按照食谱供餐。

(2)食谱按照不同月龄段进行制定和实施,每1周或每2周循环1次。食谱要具体到每餐次食物品种、用量、烹制或加工方法及进食时间。

(3)主副食的选料、洗涤、切配、烹调方法要适合不同月龄(年龄)婴幼儿,减少营养素的损失,符合婴幼儿清淡口味,达到营养膳食的要求。烹调食物注意色、香、味、形,提高婴幼儿的进食兴趣。

(4)食谱中各种食物提供的能量和营养素水平,参照中国营养学会颁布的《中国居民膳食营养素参考摄入量(DRIs)(2013)》推荐的相应月龄(年龄)婴幼儿每日能量平均需要量(EER)和推荐摄入量(RNI)或适宜摄入量(AI)确定。

（5）食谱各餐次热量分配：早餐提供的能量约占一日的 30%（包括上午 10 点的点心），午餐提供的能量约占一日的 40%（含下午 3 点的午后点），晚餐提供的能量约占一日的 30%（含晚上 8 点的少量水果、牛奶等）。

（6）食谱中各种食物的选择原则以及食物用量，参照中国营养学会颁布的《7~24 月龄婴幼儿喂养指南（2016）》《学龄前儿童膳食指南（2016）》中膳食原则，以及《7~24 月龄婴幼儿平衡膳食宝塔》《学龄前儿童平衡膳食宝塔》中建议的食物推荐量范围。

（7）半日托及全日托的托育机构至少每季度进行一次膳食调查和营养评估。提供一餐的托育机构（含上、下午点）每日能量和蛋白质供给量应达到相应建议量的 50% 以上；提供两餐的托育机构，每日能量和蛋白质供给量应达到相应建议量的 70% 以上；提供三餐的托育机构，每日能量和蛋白质和其他营养素的供给量应达到相应建议量的 80% 以上。

（8）三大营养素热量占总热量的百分比是蛋白质 12%~15%，脂肪 30%~35%，碳水化合物 50%~65%。优质蛋白质占蛋白质总量的 50% 以上。

（9）有条件的托育机构可为贫血、营养不良、食物过敏等婴幼儿提供特殊膳食，有特殊喂养需求的，婴幼儿监护人应当提供书面说明。

（10）定期进行生长发育监测，保障婴幼儿健康生长。

知识点拨

托育机构膳食管理内容

托育机构膳食管理内容主要涉及托育机构膳食行政管理、膳食安全管理、营养食谱制定、班级进餐管理等方面。

其中，膳食行政管理具体包括：明确膳食管理目标、制订膳食管理计划、确定膳食管理人员职责分工、组织膳食管理各环节工作、监督调控膳食管理过程等。膳食安全管理具体包括：制定食品安全管理制度、组织监督食品安全工作、开展食品安全卫生检查、制定饮食留验制度等。营养食谱制定具体包括：明确膳食营养目标、计算每餐营养素参考摄入量、确定食物品种和数量等。班级进餐管理具体包括餐前准备、进餐指导、特殊体质儿童的进餐护理、餐后整理、餐具清洗与消毒管理等。

知识点拨

托育机构膳食管理规章制度建设

托育机构膳食管理制度主要包括：膳食营养管理制度、食品安全管理制度、膳食操作区管理制度、膳食工作人员管理制度、膳食工作流程管理制度等。

《托育机构婴幼儿喂养与营养指南（试行）》中提到托育机构膳食管理规章制度建设，明确指出：应按照《中华人民共和国食品安全法》（以下简称《食品安全法》）、《中华人民共和国食品安全法实施条例》（以下简称《食品安全法实施案例》）等要求，严格落实各项食品安全工作，强化责任意识，制定食品安全应急处置预案，做好食源性疾病防控工作。

（1）托育机构应建立完善的母乳、配方食品和商品辅食喂养管理制度和操作规范，包括喂奶室管理制度，配方食品和商品辅食的接收、查验及储存、使用制度，及相关卫生消毒制度。

（2）托育机构从供餐单位订餐的，应当建立健全机构外供餐管理制度，选择取得食品经营许可、能承担食品安全责任、社会信誉良好的供餐单位。对供餐单位提供的食品随机进行外观查验和必要检验，并在供餐合同（或者协议）中明确约定不合格食品的处理方式。

（3）鼓励母乳喂养，为哺乳母亲设立喂奶室，配备流动水洗手等设施、设备。

（4）托育机构乳儿班和托小班设有配餐区，位置独立，备餐区域有流动水洗手设施、操作台、调配设施、奶瓶架，配备奶瓶清洗、消毒工具，配备奶瓶、奶嘴专用消毒设备，配备乳类储存、加热设备。

（5）托育机构应配备食品安全管理人员，并制定食堂管理人员、从业人员岗位工作职责，食品安全管理人员及从业人员上岗前应当参加食品安全法律法规和婴幼儿营养等专业知识培训。

（6）婴幼儿膳食应有专人负责，班级配餐由专人配制分发，工作人员与婴幼儿膳食要严格分开。

（7）做好乳类喂养、辅食添加、就餐等工作记录。

任务实操 9-1-1

搜集资料，小组讨论托育机构和幼儿园的膳食管理制度有什么区别？

任务实操 9-1-2

请查找一家托育机构膳食管理制度的具体内容。

任务二　掌握托育机构膳食工作流程

情境导入

在先导案例中，提到"通过相关专家的初步判断，涉事幼儿园患病儿童病因可能为沙门氏菌感染"。

沙门氏菌是一种常见的食源性致病菌，毒性较强，主要通过接触、食物等渠道感染，且患者年龄越小，临床症状越严重。预防沙门氏菌需要确保食物加工、保存、运输等环节操作规范，加工生、熟食物的刀具、砧板、案板等必须要分开；后厨工作人员要遵守相应操作规范，尤其是手卫生。比如，接触了肉蛋等食物后，需要将手清洁后再碰触其他食物。

依据以上材料分析，这家托幼机构出现百余名幼儿感染沙门氏菌，应该是膳食工作流程出了问题。那托育机构膳食工作流程包括哪些环节？每个环节工作应如何进行呢？

任务提示

1. 托育机构膳食管理工作流程包括哪些环节？
2. 应如何编制婴幼儿带量食谱？
3. 应如何给婴幼儿喂奶？
4. 应如何照顾婴幼儿用餐？

知识点拨

托育机构膳食工作流程

托育机构膳食工作主要流程包括：制定带量食谱、计划采购和食堂分发、原料验收和烹饪、按量发放、婴幼儿进餐和餐食费核算。

膳食工作的第一个环节是制定带量食谱。所谓带量食谱是指根据婴幼儿每日膳食中各种营养素和热量供给量标准，推算出提供给婴幼儿各种事物的用量，并标记在食谱中。关于带量食谱的编制后边单独介绍。婴幼儿每周食谱应每周公示，如表9-3所示。

带量食谱制定后，采购员要按食谱的要求从正规渠道购买原材料等食品，并填写食品进出库记录表（见表9-4）。

采购员完成采购和分发后，炊事员先进行原料验收，再按照食谱上规定的花样和各种原料的数量制作饭菜。在烹调和制作过程中，尽量减少营养素的损失，多采用清蒸、红烧、高温急炒等烹调方法，少采用油炸的方法，使婴幼儿能从定量的食物中获取尽可能多的营养素。

食堂将饭菜等制作好以后，按照班级婴幼儿数量进行发放。由保教人员领回饭菜并按照标准操作流程照顾婴幼儿进餐。

保教人员还需要规范填写婴幼儿进餐人数登记表、婴幼儿进餐检查表，为餐食费核算做好准备，如表9-5所示。

表 9-3 婴幼儿每周食谱一览表
10 月 8 日—10 月 12 日

三餐		星期一	星期二	星期三	星期四	星期五
早餐 08:30	谷物	西葫芦鸡蛋饼	双色萝卜丝饼	鸡蛋黄瓜三明治	黄瓜芝麻蛋饼	香葱油饼
	主食和蔬菜	清炒奶油白菜	五香鹌鹑蛋	青菜炒豆腐	清炒芥兰	木耳炒鸡蛋
	汤/粥	小米燕麦枸杞粥	海鲜青菜疙瘩汤	红豆薏米大米粥	葡萄干玉米粥	红枣红豆小米粥
间点 9:30		火龙果	蒸山药	雪梨	蒸红薯	酸奶
		酸奶	哈密瓜	曲奇饼干	香蕉	甜橙
午餐 11:30	谷物	紫米米饭	燕麦米饭	黄金蛋炒饭	黑芝麻米饭	葡萄干米饭
	主食和蔬菜	红烧鸡翅 清炒西蓝花 彩椒土豆丝	清蒸鳕鱼 三鲜肉丸 番茄炒蛋	萝卜炖牛腩 番茄菜花 荷塘小炒	肉末蒸长茄 翡翠虾仁 西葫芦炒鸡蛋	糖醋小排 素炒三丁 香干小白菜
	汤	菠菜蛋花汤	青菜豆腐汤	香菇娃娃菜汤	番茄金针汤	山药猪骨汤
间点 14:30		苹果	红提	香甜瓜	圣女果	奇异果
		蓝莓	桂圆红枣汤	百香果水	山楂梨汤	沙糖橘
晚餐 16:30	谷物	青菜肉蒸饺	香酥肉饼	肉酱意大利面	牛肉比萨	南瓜蛋糕
	主食和蔬菜	丝瓜炒蛋	蚝油生菜	三色时蔬烩鸡丁	松仁玉米	芦笋土豆烩肉丁
	汤/粥	海鲜冬瓜汤	菌菇蛋花汤	香菇山药汤	奶油蘑菇汤	红枣银耳羹

表 9-4 托婴食品进货台账记录表 （常温）

进货时间	食品名称	规格	数量	供货商	生产日期	保持期限	保存条件	验收情况	验收人签名

注：① 验收情况包括：a. 包装是否完整；b. 标识是否齐全；c. 色香味等感官性状是否正常；d. 食品与购物证明是否一致；e. 处理情况（退货应注明）。

② 台账应当与产品检验或检疫合格证明、购物凭证及其他有关食品安全证明按进货时间先后排序，一并附于本表后保存备查。

表 9-5　婴幼儿进餐人数登记表

_____年_____月_____日—_____年_____月_____日　记录人：_____

班　　级	星期一	星期二	星期三	星期四	星期五
乳儿班 （6~12 个月）					
托小班 （13~24 个月）					
托大班 （25~36 个月）					

知识点拨

婴幼儿带量食谱编制

托育机构应根据不同月龄（年龄）婴幼儿的生理特点和营养需求，制定符合要求的食谱，并严格按照食谱供餐。婴幼儿带量食谱编制应遵循以下流程。

1. 确定膳食能量目标

应依据不同月龄婴幼儿营养需求计算出膳食能量目标。

2. 确定宏量营养素膳食目标

三大营养素热量占总热量的百分比是蛋白质 12%~15%，脂肪 30%~35%，碳水化合物 50%~65%。优质蛋白质占蛋白质总量的 50% 以上。

3. 依据餐次比计算每餐营养素参考摄入量

早餐提供的能量约占一日的 30%（包括上午 10 点的点心），午餐提供的能量约占一日的 40%（含下午 3 点的午后点），晚餐提供的能量约占一日的 30%（含晚上 8 点的少量水果、牛奶等）。

4. 食物品种和数量的确定

（1）计算主食和辅食中提供的蛋白质的量。先计算出主食中提供的蛋白质的量。用蛋白质摄入目标量减去主食中蛋白质的量，即为辅食应提供的蛋白质的量。

（2）计算满足蛋白质需求的各类食物的量。设定蛋白质摄入目标量的 2/3 由动物性食物供给，1/3 由豆制品供给，具体可算出满足蛋白质需求的各类食物的量。查食物成分表，计算出各类动物性食物及豆制品的量。

（3）确定蔬菜的品种和数量。应依据婴幼儿营养需求并结合季节和地域，来确定蔬菜的品种和数量，尤其注意考虑重要微量营养素的含量。

（4）确定油脂的摄入量。油脂的摄入应以植物油为主。将需要的总脂肪目标量去主副

微课：婴幼儿带量食谱编制

食食物提供的脂肪数量即为每日植物油的摄入量。

（5）确定食盐的摄入量。食盐的摄入量可参考《中国学龄前儿童平衡膳食宝塔》，0~12月龄婴幼儿不宜摄入食盐，12~24月龄婴幼儿食盐摄入量应小于1.5g，24~36月龄婴幼儿食盐摄入量每日小于2g。

（6）计算每日每餐饭菜用量，编制一日食谱。

（7）计算每日食谱中各种营养素的量。从食物成分表中查出每100g食物所含营养素的量，计算出每种食物所含营养素的量。将所用食物中的各种营养素分别累计相加，计算出每日食谱中各种营养素的量。

（8）检查差距和调整。

（9）制定一周食谱。一日食谱确定以后，可根据饮食情况、市场供应情况等因素在同一类食物中更换品种和烹调方法，编制一周食谱，如表9-6所示。

注意：提供一餐的托育机构（含上午、下午餐）每日能量和蛋白质供给量应达到相应建议量的50%以上；提供两餐的托育机构，每日能量和蛋白质供给量应达到相应建议量的70%以上；提供三餐的托育机构，每日能量和蛋白质和其他营养素的供给量应达到相应建议量的80%以上。

《托育机构婴幼儿喂养与营养指南（试行）》中具体给出了不同月龄段婴幼儿每日食物量参照建议。

表9-6 托育园每周带量食谱

时间：2022年8月15日—8月19日　　　　　　　　　　单位：克/人

时间	星期一	星期二	星期三	星期四	星期五
早餐	牛奶 面包 奶粉25 面包70	芝麻卷 红豆大米粥 面粉50 芝麻酱5 大米20 红豆5	西红柿鸡蛋面 面条50 鸡蛋30 西红柿60	蛋糕 牛奶 蛋糕70 奶粉25	煮鸡蛋 南瓜粥 鸡蛋50 大米30 南瓜40
午餐	米饭 肉末豆腐 糖醋包菜 大米65 豆腐60 肉末50 包菜100	米饭 黄瓜胡萝卜炒鸡丁 炒萝卜条 大米65 鸡胸脯100 黄瓜50 胡萝卜40 萝卜条30	米饭 排骨炖冬瓜 盐水花生 大65 排骨100 冬瓜100 花生30	米饭 全家福 大米65 肉末40 鱿鱼5 鹌鹑蛋20 青菜60 火腿10 蘑菇30 西红柿20	米饭 香菇枸杞炖鸡 韭菜炒千张 大米65 香菇20 鸡60 枸杞5 韭菜100 千张30
午点	苹果30 茄梨100	葡萄150 绿豆汤100mL	火龙果150 哈密瓜100	水蜜桃150 猕猴桃100	苹果100 银耳莲子汤150mL
晚餐	米饭 炒三丁 丝瓜鸡蛋汤 大米50 胡萝卜20 猪肉50 黄瓜80 木耳5 丝瓜60 鸡蛋20	米饭 土豆烧肉 青菜鸡蛋汤 大米50 土豆100 猪肉50 青菜60 鸡蛋20	米饭 大白菜炒肉 黄瓜猪肝汤 大米50 白菜100 猪肉50 黄瓜60 猪肝20	肉末卷 黑米大米粥 肉末50 面粉75 大米30 黑米10	卤面 紫菜鸡蛋汤 碱面60 肉末40 豆芽50 紫菜5 鸡蛋20

任务实操 9-2-1

1. 小组讨论：如何加强乳儿的喂奶工作管理？

2. 提前熟悉表 9-7 的喂奶操作流程，进行实操演练。

表 9-7　喂奶操作流程

喂奶步骤	具体操作		注 意 事 项
1. 洗手	七步洗手法		——
2. 调奶	配方奶	给奶瓶等消毒 ↓ 取奶瓶、奶粉 ↓ 加温水 ↓ 试奶温 ↓ 加奶粉调匀 ↓ 完成调奶	（1）使用前应先给奶瓶、奶嘴煮沸消毒，自然冷却。 （2）温水准备：先将饮用水煮沸，再晾至冲奶要求温度，水温和水量应按奶粉说明。 （3）加奶粉调匀：先按说明加入适量奶粉，再盖好轻摇或转动奶瓶，直至奶粉融化。 （4）喂奶前，须把奶滴在手腕内侧测试温度，感觉温暖即可。 （5）调好的奶粉，如 1 小时内未喝完，须倒掉。 （6）奶粉开封后须于罐盖写上开封日期，并尽量于 1 个月内食用完毕
	母乳	取母乳 ↓ 母乳装入奶瓶 ↓ 暖奶器加热 ↓ 完成调奶	（1）鼓励直接母乳喂养，为哺乳母亲设立喂奶室，配备流动水洗手等设施、设备。 （2）备用母乳应放冰箱冷藏，喂奶前取出

续表

喂奶步骤	具体操作	注 意 事 项
3. 喂奶	将奶瓶放在近身处 ↓ 将婴幼儿抱在怀中(摇篮式) ↓ 喂奶巾放在婴幼儿颈胸部 ↓ 与婴幼儿适宜互动 ↓ 给婴幼儿拍气 ↓ 将婴幼儿安全抱回床上	（1）喂奶时间 3~4 小时 1 次。 （2）摇篮式抱法：将婴幼儿的头放在左臂弯里，肘部护着婴儿的头，左腕和左手护背和腰部，右小臂从婴幼身上伸过护着婴幼儿腿部，右手托着婴幼儿的屁股和腰部。 （3）喂奶时，奶瓶要倾斜 45°角，确保奶嘴充满奶，避免吸入空气。 （4）适宜互动：喂奶时应和婴幼儿温柔对视，并进行简单语言沟通。 （5）如果发生溢奶、吐奶，应先转变姿势，进行速清洁，再拍出奶水，稍后继续喂奶。 （6）0~6 月龄婴幼儿需要拍气。 ① 把喂奶巾放在自己肩膀。 ② 直立式抱起婴幼儿。 ③ 手掌呈空心杯状，轻拍婴幼儿背部。 ④ 拍至有打嗝声止。 （7）如果婴幼儿停止吸吮，可以再试几次，假如仍然不吃，不要强喂。 （8）1 岁以上婴幼儿可以在成人照看下自己用奶瓶喝奶
4. 清洗奶瓶	彻底清洁奶瓶、奶嘴等	—
5. 整理台面	先整理台面，然后洗手	—

3. 小组讨论，说说如何加强乳儿的喂奶工作管理？

任务实操 9-2-2

实训操作：如何照顾幼儿用餐？

1. 提前熟悉表 9-8 照顾幼儿用餐操作流程。

表 9-8 照顾婴幼儿用餐操作流程

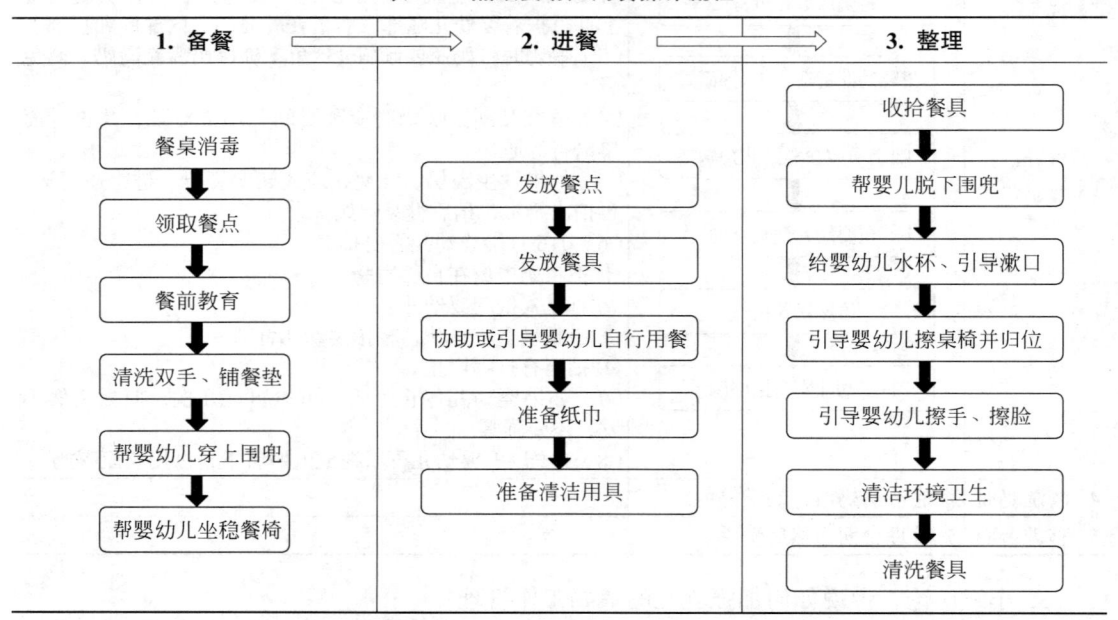

注：① 餐桌先用消毒液消毒，再用清水擦净。
② 准备两副餐具，一副给婴幼儿，另一副保育师用来协助进餐。
③ 注意应把粥、汤桶等放置在婴幼儿触及不到的地方。
④ 进餐照看按班级区分：乳儿班保育师喂食为主、托小班保育师协助进餐、托大班保育师引导自行进餐。
⑤ 应指导托小班和托大班婴幼儿使用餐具。
⑥ 进食过程中，如果有婴幼儿要求加饭菜，应适当给予。
⑦ 如果有婴幼儿挑食，保育师应科学引导，不可强求。
⑧ 乳儿班的喝水漱口、擦桌归位、擦手擦脸都由保育师照顾完成。
⑨ 引导托小班和托大班婴幼儿在成人照看下自己将餐具放到指定位置。
⑩ 随时注意婴幼儿用餐安全，如发现食物引起气道梗阻，立即施行海姆立克急救法。

2. 请按照流程完成照顾幼儿用餐实操任务。

项目九 托育机构膳食管理

任务三　掌握托育机构食品安全事故处理

情境导入

在案例导入中，某托育机构出现了食品安全事故，导致百余名婴幼儿食物中毒，社会影恶劣。那应如何预防和处理托育机构食品安全事故呢？

任务提示

1. 托育机构食品安全事故如何预防？
2. 托育机构食品安全事故预案如何编制？
3. 托育机构食品安全事故怎样处理？

知识点拨

托育机构食品安全管理制度

食品从种植、养殖到生产、加工、运输、贮存、销售、烹饪直至入口的任何一个环节均有可能存在安全隐患，从而对婴幼儿身体健康造成危害。食品安全，指食品无毒、无害，符合应当有的营养要求，对人体健康不造成任何急性或者慢性危害。食品安全直接关系到婴幼儿的身体健康，因此食品安全及食物中毒预防至关重要。

微课：托育机构食品安全管理制度

为有效预防托育机构食品安全事故，托育机构应当依据《食品安全法》《食品安全法实施条例》《食品经营许可管理办法》等有关法律法规，制定和健全食品安全管理制度，并严格贯彻和落实。

托育机构食品安全制度制定应从以下方面考虑：明确食品安全管理人员及职责、加强食品原材料采购查验、膳食操作区环境卫生、设施设备运行和维护、食物餐具清洗和消毒、食物加工操作、从业人员卫生健康等，重点建立食品留样制度和食品安全突发事件应急处理预案，从而避免危害婴幼儿健康的事件发生。厨房消毒后应及时填写厨房消毒记录如表 9-9 所示。

表 9-9　厨房消毒记录表

消毒日期：＿＿＿＿年＿＿＿＿月＿＿＿＿日　星期＿＿＿＿　　　　　　　　记录人：＿＿＿＿＿

消毒项目	消毒方法	消毒人员
门窗、台面、地面	清水、次氯酸钠 2 次	
水壶	消毒柜	
炊具	消毒柜	
餐具	消毒柜	
毛巾	蒸煮	

续表

消毒项目	消毒方法	消毒人员
食物存放间	紫外线消毒灯	
刀具、菜板	消毒柜	
库房	开窗通风（早）	
	开窗通风（晚）	
库房（每周五消毒）	清水、次氯酸钠 2 次	

注：水壶、炊具、餐具、刀具、菜板未消毒存放时间不得超过 6 小时。

知识点拨

托育机构食品留样制度

（1）食堂提供的每样食品由食堂分餐人员专人负责留样。

（2）每餐留样的食品，按规定留足 100g，分别盛放在已消毒的餐具中。

（3）留样食品取样后，立即存放在完好的食品罩内，以免被污染。

（4）留样食品冷却后，用保鲜膜密封好，并在其外部贴上标签，标明留样日期、时间、品名、餐次、留样人。

（5）将贴好标签的留样食品按秩序存放在恒温冰箱内保存。冰箱温度设定为 0~4℃。

（6）做好每餐每样留样食品的记录，包括食品样源、食品名称、留样时间、目测样状等，以备检查，如表 9-10 所示。

（7）留样食品一般保存 48 小时，进餐者如无异常，即可处理留样的食品。如有异常，立即封存，送食品卫生安全部门查验。

（8）食品留样冰箱为专用设备，严禁存放与留样食品无关的物品。

（9）卫生监督小组及监督管理员不定期检查留样工作，发现未按要求留样，将对责任人进行工作失职处罚。

表 9-10 托婴中心厨房食品留样记录表

留样日期	留样食品品种	留样时间	保留时间	留样数量	留样人
4月2日	早餐： 间餐： 午餐： 间餐： 晚餐：		48 小时	100 克	

项目九 托育机构膳食管理

续表

留样日期	留样食品品种	留样时间	保留时间	留样数量	留样人
4月3日	早餐： 间餐： 午餐： 间餐： 晚餐：		48小时	100克	
4月4日	早餐： 间餐： 午餐： 间餐： 晚餐：		48小时	100克	
4月8日	早餐： 间餐： 午餐： 间餐： 晚餐：		48小时	100克	
4月9日	早餐： 间餐： 午餐： 间餐： 晚餐：		48小时	100克	

任务实操 9-3-1

认真阅读先导案例，完成小组讨论。分析这家托幼机构发生食品安全事故的可能原因。

任务实操 9-3-2

评析这家托幼机构对食品安全事故的处理措施，并提出改进建议。

巩固提升

一、填空题

1. 托育机构膳食管理制度主要包括_____、_____、膳食操作区管理制度、膳食工作人员管理制度、膳食工作流程管理制度等。

2. 12~24月龄婴幼儿食盐摄入量应小于____g，24~36月龄婴幼儿食盐摄入量每日小于____g。

3. 进餐照看应按班级区分：_____保育师喂食为主、_____保育师协助进餐、_____保育师引导自行进餐。

4. 每餐留样的食品，按规定留足____g，分别盛放在已消毒的餐具中。

5. 可能引发师幼食物中毒的原因主要包括：购入的食品存在质量问题；_____、因操作不当引起食物变质、不符合食用要求；个别人的恶意下毒等原因造成食物中毒事故。

二、判断题

1. 喂奶过程中，调配好的配方奶1次使用，如有剩余，直接丢弃。（   ）

2. 托育机构应成立应急领导小组，由机构主要领导任组长、副组长，成员等。（   ）

3. 进餐时，注意应把粥、汤桶等放置在婴幼儿身边，方便随时添加。（   ）

4. 托育机构应鼓励直接母乳喂养，为哺乳母亲设立喂奶室，配备流动水洗手等设施、设备。（   ）

5. 托育机构膳食工作主要流程包括：制定带量食谱、计划采购和食堂分发、原料验收和烹饪、按量发放、婴幼儿进餐和餐食费核算。（   ）

拓展资源

扫码学习 9.6 托育机构食品安全应急预案

✦ 考核评价

班级_____ 组别_____ 姓名_____ 学号_____ 日期_____ 评价项目_____

评价阶段	评价内容	分值	佐证材料	学生自评	小组互评	教师评价	平台数据
课前自学	"扫码学习"完成度	10	平台数据				
	自学自测	10	是否完成测试题				
课中实训	任务实操 9-1-1	5	实操任务完成情况				
	任务实操 9-1-2	5	实操任务完成情况				
	任务实操 9-2-1	15	实操任务完成情况				
	任务实操 9-2-2	10	实操任务完成情况				
	任务实操 9-3-1	5	实操任务完成情况				
	任务实操 9-3-2	10	实操任务完成情况				
	素质目标达成情况	5	是否具备遵守法律法规，科学管理膳食工作意识				
		5	是否具备安全意识和责任意识，做好托育机构膳食管理				
课后提升	巩固提升	10	课后练习完成度				
	拓展资源	10	平台完成度数据				
	合计	100	教师签名				
	项目得分						

评价说明：在本项目完成之后，由任课老师主导，采用过程性评价与结果评价相结合，综合运用自我评价、小组评价和教师评价三种方式，由教师确定三种评价方式分别占总成绩的权重，计算出学生在本项目的考核评价得分。(平台数据完成的打√；未完成的打×)

项目十
托育机构公共关系

项目概述

托育机构公共关系是托育机构借助有效的沟通和传播手段，谋求托育机构与内外部公众的理解、信任与合作，塑造托育机构良好形象和促进保教目标实现的管理活动。良好的托育机构公共关系，有利于改善托育机构的办园条件，争取更多的资金来源；有利于扩大托育机构的知名度和美誉度，塑造良好的整体公众形象，获得公众在教育上的配合和更好的生源，提高托育机构的整体竞争力；最终有利于托育服务步入正轨并形成良好的运行机制，得到社会和婴幼儿家庭的认同。

本项目重点学习托育机构的家长公共关系和托育机构的社区公共关系。

学习目标

素质目标
1. 助力托育机构、家庭、社区的有机统一的责任感和使命感。
2. 培育优良的家庭美德，促进社会主义和谐社会的建设。

知识目标
1. 了解托育机构公共关系的内涵。
2. 掌握托育机构家长公共关系的意义、内容和策略。
3. 掌握托育机构社区公共关系的意义、原则和策略。

能力目标
1. 能够掌握建构托育机构家长公共关系的策略。
2. 能够掌握建构托育机构社区公共关系的策略。

案例导入

普惠托育园为年轻父母减压松绑

近日，江苏省泰州市姜堰区普惠托育机构建设作为为民办实事项目入选中央党史学教办新闻组推荐的全国 20 个典型案例，系全省唯一。

"谷蕊托育园终于开园了，我也解放了！"家住姜堰城区的陆艺和妻子丁婷婷松了口气说，"孩子小，请保姆怕带不好，上幼儿园年龄又不到，我们上班都不安心。"前不久，姜堰首家省级普惠托育机构——谷蕊托育园改造开园，让夫妻俩终于放心了。

课前自学

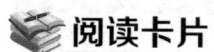 阅读卡片

公共关系及托育机构公共关系

公共关系是社会组织借助双向传播、沟通手段，促进组织与公众之间的相互了解、信任和合作，树立良好组织形象的经营管理行为和过程。

托育机构公共关系是托育机构借助有效的沟通和传播手段，谋求与内外部公众的理解、信任与合作，塑造托育机构良好形象和促进托育机构保教目标实现的管理活动。

良好的托育机构公共关系有利于改善托育机构的办园条件，争取更多的资金来源；有利于扩大托育机构的知名度和美誉度，塑造良好的整体公众形象，增强公众对托育机构的信任，获得公众在教育上的配合和更好的生源，提高托育机构的整体竞争力；最终有利于创设良好的育人环境，让社会、家庭理解和认识托育机构，形成更好的教育合力，促进婴幼儿全面发展，争取更好的托育效果和教育影响。

阅读卡片

0~3 岁婴幼儿托育机构和家庭合作

一、0~3 岁婴幼儿托育机构家长工作的意义和任务

婴幼儿托育机构家长工作的主要任务包含：指导家庭教育；加强与家庭的联系，实现保教的同步和一致性；发挥自身的社会功能，更好地服务家长；争取家长的配合，并通过家长打开通向社会的渠道。

做好家长工作的意义有以下几方面，首先，帮助家长树立科学育儿观，共同促进婴幼儿身心健康和谐发展。其次，帮助家长增强亲子关系，有效实现亲子互动。再次，促进学习型家庭的构建，实现全面终身教育。最后，构建平等合作关系，携手共进共发展。

二、家长工作的主要形式

1. 日常性的家长工作

日常性的家长工作是一种常用的家长工作形式，指班级保教人员与家长之间进行的个别联系，包括接送时段的交谈、电话联系、QQ 与微信等网络沟通、家访约谈，或是通过家长园地、橱窗板报、书信便签卡片等进行沟通和信息反馈。

2. 阶段性或专题性的家长工作

阶段性的家长工作通常是集体性质的，需要有计划地安排和组织，主要形式有家长会

（如全园家长会和班级家长会）、家长座谈会、育儿专题讲座、家长走进课堂等。

三、家长工作的管理和指导

（1）加强家长工作的计划性。
（2）注重家长工作制度的建设。
（3）指导班级家长工作。
（4）征求意见，协调关系，提升服务。

阅读卡片

0~3 岁婴幼儿托育机构和社区合作

一、社区与 0~3 岁婴幼儿托育机构的关系

社区婴幼儿保教，即婴幼儿保教的社会化、社区化，这是 0~3 岁婴幼儿保教发展的必然趋势。社区婴幼儿保教服务对象不仅限于托育机构中的婴幼儿，还应扩展到家庭和社区的各个方面。托育机构是社区重要的组织，社区是托育机构生存和发展的社会根基。

二、0~3 岁婴幼儿托育机构与社区的双向服务

1. 发掘社区资源为托育教育机构服务

（1）可利用社区资源让婴幼儿感受自然和社会生活。社区内有超市、游乐场所、公园、书店、银行、医院、派出所、幼儿园、小学、中学等，这些资源都可以加以利用。
（2）可利用社区资源对婴幼儿进行情感教育。
（3）可利用社区资源扩展教育空间。

2. 托育机构为社区服务的措施和途径

婴幼儿托育机构与社区的合作互动，不仅能够全面提高自身的保教质量，而且能为社区营造一个良好的保教环境。主要措施和途径：

（1）开办专家讲座。
（2）面向社区家庭的开放活动。
（3）通过参与社区活动服务社区。
（4）开设亲职教育课程。

课前自测

一、多项选择题

1. 托育机构家长工作的内容有（　　　）。
   A. 向家长宣传托育机构的教育目标和发展规划
   B. 主动了解幼儿家庭教育情况，指导家庭教育
   C. 发挥托育机构的社会功能，为家长服务
   D. 争取家长的支持，树立公共中的良好口碑

2. 托育机构与社区公共关系建构的内容和方式有（　　）。
   A. 托育机构为小区服务，解决小区居民的后顾之忧
   B. 发掘社区资源，争取社区公众对婴幼儿教育的支持
   C. 合理利用小区资源，做到资源共享
   D. 设立社区管理机制

二、判断题

1. 公共关系只是协调单位外部的公众关系，而内部人员的关系不属于公共关系。
   （　　）

2. 为了争取好的生源，托育机构需要赢得良好口碑，取得家长和社区的认可。
   （　　）

3. 家庭教育和社会教育都是有计划、有目的、有组织的进行，而学习教育不是。
   （　　）

4. "三结合教育"指的是学校教育、家庭教育和网络平台教育。　　（　　）

课中实训

项目十课前自测答案

实训目标

1. 能够了解托育机构公共关系的主要内容。
2. 能够掌握托育机构家长的公共关系的具体内容。
3. 能够掌握托育机构家长工作的有效策略。
4. 能够掌握托育机构社区公共关系的具体内容。
5. 能够掌握托育机构社区公共关系的有效策略。

实训条件

项目十实施条件如表 10-1 所示。

表 10-1　项目十实施条件

名　称	实　施　条　件	要　　　求
实训环境	理实一体化教室	校园网无线 Wi-Fi，可在线观看线上资源
物品准备	① 签字笔、记录本（活页）； ② 手机或平板电脑等录音录像设备； ③ 投影仪或一体机	案例材料充足，满足学生需求
知识准备	① 初步了解关于托育机构公共关系的概念； ② 初步理解托育机构家长工作的内容； ③ 初步理解托育机构社区公共关系的内容； ④ 初步具备一定的公关理念和合作意识	理解相关知识点

项目十 托育机构公共关系

实训步骤

1. 列表梳理托育机构公共关系的内容。
2. 列表梳理托育机构公共关系的职能。
3. 列表梳理托育机构公共关系的原则。
4. 分组讨论托育机构家长工作的内容。
5. 分组讨论托育机构家长工作的途径和方法。
6. 运用所学对社区托育服务策略进行分析。

任务一　认识托育机构公共关系管理

情境导入

一名家长带着 2 岁半的男孩到一所托育园实地考察，准备为孩子联系入托的事。在园长的陪同下他们进入班级，看到班里的孩子们正在开心地玩游戏，小男孩也不由自主参与其中。正当机构负责人和老师向家长介绍托育园的情况时，突然，小男孩大声哭起来。保育老师连忙上前，看到男孩脚下一片水迹，原来是男孩尿裤子了。保育老师马上抱起男孩，找来一套干净的园服，先帮他清洗干净，再帮他换上裤子。小男孩又开心地和其他小朋友一起玩去了。保育老师再将尿湿的裤子洗干净，交还给家长。这名家长随后就给男孩办了入托手续。

任务提示

1. 什么是托育机构公共关系？
2. 托育机构公共关系包括哪些内容？
3. 托育机构公共关系的职能是什么？
4. 托育机构公共关系的原则有哪些？

知识点拨

托育机构公共关系的内涵

公共关系是一个社会组织用传播手段使自己与公众之间形成双向交流，使双方达到相互了解和相互适应的管理活动。这个定义反映了公共关系是一种传播活动，也是一种管理职能。从观念形态上看，公共关系是一种新型的管理思想或管理哲学，其中心点是任何组织必须打破利益关系上的自我中心主义，只有在服务于社会的过程中，才能建立起有利于发展的环境，获得稳固的基础。从实践形态看，公共关系是一种管理职能，国际公共关系协会将公共关系定义为："一项经营管理的功能，属于一种经常性与计划性的工作，不论公私机构或组织，均通过它来保持与其相关的公众之间的了解、同情和支持，也就是审度公众意见，使本机构的政策和措施与之配合，再运用有计划的大量资料，争取建设性合作，而获得共同利益。"

托育机构公共关系是托育机构运用各种传播手段,谋求内外公众的信任、理解、合作、支持,从而最终有利于实现托育机构的教育及管理活动。其工作对象包括托育机构的全体教职员工及家长、社区、政府、媒介、有协作关系的单位等。托育机构公共关系的特殊性表现在以下两个方面:一方面,托育机构主要借助公共关系宣传自己,树立自身良好的美好形象,取得内外部公众的信赖、理解、合作和配合;另一方面,托育机构的公关活动主要是非福利性和非经营性的,最终目的是促进托育机构的发展。

知识点拨

托育机构公共关系的内容

一、与员工的关系

员工是托育机构的主体,是保证高质量托育工作,协助做好托育机构公共关系和展示托育机构形象的关键。首先就是创设和谐融洽的工作关系,培养教职工的归属感、集体意识,调动他们的工作积极性。

微课:托育机构公共关系的内容

二、与婴幼儿的关系

婴幼儿是托育机构主要的、直接的服务对象。对婴幼儿的公共关系重点在于建设家一般的环境,亲人一般的师生关系,尊重婴幼儿,让婴幼儿在托育机构中养成良好的生活习惯和学习习惯。

三、与家长的关系

家长是托育机构工作的重要组成部分,是托育机构对婴幼儿实施教育的合作者,是工作质量的评价者,是良好声誉的传播者,也是托育机构教育资源的提供者或中间人。

四、与社区的关系

托育机构存在于社区之中,受到社区物质文化和精神文化的影响,同时也影响着社区。托育机构可以充分挖掘利用社区资源,丰富教育的内容和形式,并且也向社区提供教育资源,为社区文化繁荣进步作出自己的贡献。

五、与上级主管部门的关系

要积极沟通、汇报,获得上级部门的理解、支持和领导。也要随时了解国家、地方颁布的法律、法规和方针政策等,执行上级部门的指令和命令,在允许的范围内开展工作,积极贯彻国家的教育思想,培养符合社会要求的人才。

六、与新闻媒介的关系

在信息化社会,新闻媒介对于托育机构的宣传是具有很大影响的。托育机构要经常积极主动与新闻媒介取得联系,真实传播托育机构的相关信息,充分尊重新闻媒介,正确对待新闻媒介的报道,从而建立良好的媒介关系。

扫码学习 10.1 托育机构与其他部门的关系

任务实操 10-1-1

查阅资料或实地走访，小组讨论，请具体说明托育机构应如何与员工、婴幼儿、家长、社区、上级主管部门和新闻媒介建构公共关系，并填入表 10-2。

表 10-2　托育机构公共关系

员工	
婴幼儿	
家长	
社区	
上级主管部门	
新闻媒介	

知识点拨

托育机构公共关系的职能

一、收集信息，提供决策咨询

托育机构公共关系首先要发挥收集信息的作用，主要包括公众需求信息、公众对婴幼儿的评估信息、公众对托育机构的意见和态度的信息、托育机构内部公众对托育机构的意见和态度的信息、托育机构同行竞争公众的信息以及其他相关信息等。咨询建议是收集信息职能的延伸，主要是指托育机构公共关系公众可以向决策层和管理部门提供公共关系方面的情况和意见，使托育机构的管理决策更科学化、系统化。具体体现在公共关系工作可以为托育机构决策者提供全面的信息；可以让公众利益贯穿托育机构决策过程的始终；帮助决策者实施决策方案和评估决策方案。

二、积极宣传，树立良好声誉

托育机构与公众之间是一种双向传播活动，即包括将公众的信息采集进来，用于托育机构的管理决策；又包括将托育机构的信息传播出去，在社会上形成有利于托育机构的舆论，从而达到树立形象的目的。

三、协调关系，优化育人环境

协调内部关系，增强托育机构凝聚力。主要有托育机构与婴幼儿家长之间、托育机构与员工之间，首先应该努力协调好园领导与员工的关系，也就是上级与下级的关系。社会沟通也是协调外部关系，增强社会沟通。托育机构与党政机关、上级主管部门、幼儿家长、社区居民、新闻媒介、协作单位、赞助者、其他托幼机构、科研机构及其学会之间的关系。努力协调好托育机构与外部的关系，做到热情主动，努力营造一个和谐的公众环境。

任务实操 10-1-2

某社区的托育园因为所属地域比较偏僻，居住人口不多，托育园的生源也不太好。他们努力提高服务质量，在为家长、婴幼儿服务方面做了大量工作。例如，未来方便家长接送，婴幼儿购置了两台面包车，每天免费为离家较远的家长接送幼儿；提供的托管方式也灵活多样：小时托、半日托、全日托、周末周日托。对生病不能来园的婴幼儿上门探望；每逢幼儿生日，送上蛋糕和卡片等等。半年后，这家托育园的生源逐步增多，社会影响力也逐步增大。

请分析上述案例中如何体现托育机构公共关系的职能？

知识点拨

托育机构公共关系的原则

托育机构公共关系旨在与公众之间建立相互信任、支持与合作的关系，并通过公共关系活动，在公众中树立托育机构信誉，建立良好的社会形象，为机构的生存和发展创造有利的环境。托育机构的公共关系，因其教育机构的特性，有不同于其他组织的特点，在管理中应遵循以下基本原则。

一、信誉至上原则

信誉是指组织在公众心目中的信用与声誉，它是组织的生命。良好的信用与声誉一定要以出色的工作成绩与和谐的组织气氛作为保证与前提。组织要想在社会公众中树立良好形象，提升信誉，就必须做好自己的本职工作，较好地履行自己所担负的社会职责，这也是组织管理水平与工作质量的体现。具体到托育机构，就是要完成好双重任务，即服务好婴幼儿，服务好家长。因此，需要全体教职员工长期共同努力，认真做好日常工作，抓好思想工作与组织建设，与社会公众真诚交往，避免夸大其词、运动式、展示性等急功近利的做法。良好的信誉有利于托育机构广结良缘，广招人才，使托育机构获得良好的生源，争取社会各方的理解、支持与合作，使托育机构管理工作进入良性循环，从而在激烈的社会竞争中赢得一席之地。

二、全员参与原则

从托育机构公共关系的内容来看，托育机构的公共关系涉及托育机构工作的方方面面，无法清晰划分为某一专项工作，也不是几个工作人员能够独自完成的，需要每一个教职员工都参与进来，共同创造组织的良好形象和声誉，向社会展示机构的风貌和文化。因此要树立全员参与的思想，注意引导和激发全体员工的主人翁意识，认识和体会到个人与组织的命运是紧密联系在一起的，激发向心力、凝聚力，形成集体荣誉感，勤奋努力，扎扎实实地做好本职工作；明确个人形象是组织形象的缩影，个人行为可能直接影响托育机构在社会公众中的形象，自觉地以自己的言行努力建设和维护托育机构的良好形象。

三、互利互惠原则

组织在开展公关工作时，互惠互利是基本原则，是让关系的双方达成一致的平台。托育机构作为公共关系的主体，要注意平衡主客体双方的利益，根据双方利益的共同点，开展平等互利的真诚合作。尤其要坚持教育发展的正确方向，以社会效益为本，不宜片面追求机构的局部利益，在处理自身与社会公众利益关系时，要有长远的战略眼光，始终将公众利益放在首要位置上，树立公众利益第一和为社会服务的观念，并积极履行应尽的社会职责，为社会公众提供有效服务。如此才能保持和提升自己在公众心目中的地位，赢得良好的信誉与形象，同时也能为自身的发展和增强竞争实力创造良好条件。

四、公开开放原则

公共关系强调沟通的双向性和透明度，即公开开放的原则。封闭的管理模式必然导致组织缺乏生机与活力，自然也谈不上与外界关系的发展。组织的公众应该有被告知的权

利，即使他们已了解组织的现状。同时，组织要积极关注、及时准确地把握环境的变化，了解公众对组织的新要求与需要，以做出相应的反应。目前，开放的教育与管理也是教育民主化趋向的体现，只有社会公众有了知情权，才可能关注托育机构和参与托育机构的活动，并实现有效的社会监督。为此，托育机构要注重采取多种形式与公众交往，在交往中促进了解，沟通感情，通过各种方式将托育机构的管理决策、措施，已有的成绩与问题，以及某些事件真相公之于众，对托育机构状况多做客观宣传。还要与全体教职员工分享公众的意见，使机构上下内外相互理解、相互支持，形成工作的合力。

托育机构公共关系的对象很多，不仅包括对内与婴幼儿、教职工之间的关系，更包括对外与家长、社区、媒体、政府之间的关系。我们在理解托育机构的公共关系时，将托育机构的领导、婴幼儿和教职员工视为一个整体，共同对外展示托育机构的教育成果和形象。

扫码学习 10.2 "蓉易托"社区嵌入式托育服务城市品牌简介

任务实操 10-1-3

扫码学习 10.2，分析案例中这家托育机构体现了公共关系的哪些原则，请具体说明。

任务二　掌握托育机构的家长公共关系管理

情境导入

"丽丽老师，我的小宝今天吃东西多吗，上了什么课，有没有哭呢？""我家娃生病了，麻烦您按时给他喂药，让他多喝水，下午我们要早点接他离园。"在托育园的微信群里，丽丽老师每天都被各类信息"淹没"。因为照护的是3岁以下的婴幼儿，每日保育、照护事项不能马虎，但烦琐的回复和记录难免会出错，造成更大的沟通摩擦，让她时常"力不从心"。这正是大多数托育机构的家园沟通现状。在托育服务中，低龄宝宝处于集体养育环境，一日生活中的保育照护细节是家长关注的重点，园所能否及时记录、反馈宝宝进餐情况、睡眠时间、饮水量和情绪状态，这些细节都牵动着家长的心弦。

任务提示

1. 托育机构家长工作的意义和内容有哪些？
2. 托育机构家长工作的策略有哪些？

知识点拨

托育机构家长公共关系的意义

家园共育工作是托育机构工作的重要组成部分。家园共育是指家长与托育机构，通过沟通交流，支持合作，资源共享，共同实施婴幼儿的教育与保育，既为婴幼儿的健康快乐成长营造良好的教育环境，也能促进婴幼儿，家长和教师三个群体的共同成长．对于托育机构来说，既需要给予婴幼儿回应性、家园一致性的养育照护，又需要联合家长共同实施早期发展的支持与促进，因此做好家园共育工作尤为关键。

家庭是托育机构重要的合作伙伴，应本着尊重、平等、合作的原则，争取家长的理解、支持和主动参与，并积极支持、帮助家长提高教育能力。要提高幼儿的素质，光靠托育机构也难以实现的，唯有重视家长工作，努力做好家长工作，帮助家长转变观念，及时与家长进行沟通，让家长主动参与到托育机构教育中来，使他们成为教师的合作伙伴，才能有效地提高托育机构保育工作的质量，促进婴幼儿全面健康发展。

知识点拨

托育机构家长公共关系的内容

一、指导家庭教育

家庭始终是幼儿接受教育的第一站，家庭教育在幼儿的健康成长中起着非常重要的作用。因此，家长不能仅限于为孩子提供丰富的物质条件，还要围绕孩子良好个性品格的塑造、行为习惯的养成等方面展开充分的教育与引导，让其朝着积极健康的方向不断成长。家长应认识到单纯地依靠家庭教育不能促进婴幼儿的全面健康发展，还需要借助托育机构教育的力

微课：托育机构与家长公共关系的内容

量，优化自己的家庭教育方式．托育机构要积极探索科学的家庭教育指导内容和方法，并将其用于家庭教育指导之中，可帮助家长认识科学的保育观和育儿观。

二、家园合作，形成教育合力

通过各种形式的指导可以及时了解家长需求，了解家长育儿现状，为托育机构针对性地开展各项活动、提高家长教育素质、优化家长的教育能力提供有力依据。教师和家长可以全面客观地了解婴幼儿的行为表现，在方向一致、内容协调的手段互动中，提高教育质量，做好保教工作。

三、充分利用家长资源，开创家园互动合作共育的新局面

家园沟通的根本目的在于充分利用家长资源，实现家园互动合作共育。这是托育机构家长工作的出发点和归宿。要积极争取家长对托育工作的支持和配合、参与协助托育机构的教育和管理工作。在充分了解托育工作的基础上，积极争取家长的支持，合力解决机构面临的问题和困难，改善办园条件，争取社会各方面力量的关心、支持和参与，开创家园互动合作共育的新局面。

扫码学习 10.3
某全日制托儿所
班级家长会程序

任务实操 10-2-1

查阅资料，结合资料卡的内容，小组讨论，假设你是一家刚开业不久的托育机构负责人，请为这家托育机构的家长会策划一个具体的活动方案。

知识点拨

托育机构家长公共关系的有效策略

一、平等对话，经常沟通

在工作中充分发挥环境作用，采用家长会、家长开放日、家委会、家园联系栏、家访、联系本等灵活多样的方式，使沟通根据实际需要又重点突出。与家长在教育上取得共识，从而共商教育策略，协同进行教育。

二、与家长积极互动，鼓励参与

托育机构可结合日常管理的经验和家长的需求，根据年龄准备各类不同课程。各种不同课程和家长们的全面互动能促进全体婴幼儿的健康发展。课程是家园共同实施的，在实施的过程中托育机构可通过多种方式相互反馈其对婴幼儿的发展价值和对婴幼儿的评价，通过互动确保课程价值的有效发挥。托育机构根据情况可开展"亲子活动""亲子制作"等活动内容，为家长提供家庭课程实施的平台，了解课程开展的进程，也进一步加强家长在课程实施时和托育机构的互动，共同促进婴幼儿在丰厚的教育资源中茁壮成长。

任务实操 10-2-2

（1）在湖南长沙的一间民办托育机构，工作人员会先与家长进行细致的沟通，了解孩子的行为习惯，为婴幼儿提供个性化的专业照护。如针对婴幼儿的睡眠习惯，工作人员会询问家长孩子是否午休、午休时间和午休时长等问题。一方面托育机构的工作人员会根据孩子的不同情况提供针对性的保教服务，另一方面也帮助孩子们养成良好的生活作息和生活习惯。

（2）某托育机构利用社区小舞台举办了六一晚会，吸引社区的孩子和家长们来园观看，参加晚会的家长和儿童共 100 多名。六一晚会利用了社区的资源和场地，丰富了社区的文化生活，也为社区儿童提供了展现自我的机会。同时，该机构还利用自身的资源优势开展科学育儿知识讲座，不仅请了本机构的孩子家长，还请来了在该社区的其他孩子家长参加活动，帮助家长树立争取的保教观、教育观，这些举措深受社区居民和家长的欢迎。

查阅资料，小组讨论，分析上述案例中，托育机构运用了哪些关于家长的公共关系策略，填入表 10-3。

表 10-3 托育机构关于家长的公共关系策略

	策　略	内　容
案例 1		
案例 2		

任务三　掌握托育机构的社区公共关系管理

情境导入

"泉心托"托育惠民工程重新定义家庭托育点

2023年初，山东省济南市正式启动"泉心托"托育惠民工程，开创性地将家庭托育点建设纳入政府工作报告，为全国家庭托育服务普及探索出一条新路径。

邻里关系和社区接纳性一直是困扰家庭托育服务发展的重要因素，济南市以"泉心托"为城市托育体系建设统一品牌，以"认证统一、服务统一、管理统一、标识统一、配套统一、培训统一、评价统一"的形式，向市民提供标准化的家庭托育点服务。在试点园区开设过程中，这种以政府透明管理和宣传的业务模式，得到了社区居民的一致认可，特别是邻里住户会主动为便民家庭托育点的开设提供帮助，呈现出机构、家庭和社区齐心协力，共同打造全市托育惠民工程的新景象。

任务提示

1. 托育机构与社区相结合的意义有哪些？
2. 托育机构与社区关系建构的原则有哪些？
3. 托育机构与社区关系建构的策略有哪些？

知识点拨

托育机构与社区关系的意义

社区是指同一地、同一地区或同一国的人所构成的社会，它大到一个国家的某一人种构成的团体，小到某个小区。社区是若干社会群体或社会组织聚集在某一领域里所形成的一个生活上相互关联的大集体，是社会有机体最基本的内容，是宏观社会的缩影。社区是具有某种互动关系和共同文化维系力的，在一定领域内相互关联的人群形成的共同体及其活动区域。

在我国社会主要是社区兴办幼儿教育，社区为幼教事业发展提供条件和资源；而幼儿教育的发展又直接为满足社区需要促进其发展服务。托育机构与所在社区体现出一种相互服务的关系。托幼机构与所在社区在共同的教育价值观和参与意识的条件下，双向互动与服务，互利互惠，以促进社区经济、文化、托育和学前教育协调发展的组织体制。随着社会发展与教育改革的深入，婴幼儿教育社会化、社区化，婴幼儿教育与社会、社区紧密结合是现代社会发展的客观需求，也是幼教系统、组织机构的自身运行的内在需要。在我国当前深化经济体制改革的形势下，婴幼儿教育特别要注重研究新情况新问题，了解社会变化带来的新需要，主动为之服务，密切与社会社区的联系互动，适应并改变环境，推动婴幼儿教育事业的发展。

根据《托育机构管理规范（试行）》第十六条规定，"托育机构应当加强与社区的联系与合作,面向社区宣传科学育儿知识,开展多种形式的服务活动,促进婴幼儿早期发展。"托育机构的发展资源在于社会和社区,要密切与社区的联系,发掘和利用社区教育资源,为托育机构发展提供良好的环境条件,并争取多方面力量的支持。托育机构要积极争取广大家长及社区各方面人力、物力、财力、智力等的支持帮助,提高教育质量,为家长和社会提供更好的服务。

社区在开展托育服务时必须提高自身专业性和科学性。首先,保教合一应是托育的基本准则。由于幼儿自我生活能力较差,托育服务机构在开展教育活动的同时要兼顾保育。如果只关注教育活动的实施而不注重保育,婴幼儿的生活能力、自理能力和卫生能力都无法得到提高。如果过分注重保育,有价值的教育活动实施较少,就违背了托育的本质,错过了婴幼儿发展的良好时机。其次,保障婴幼儿的身心健康是托育的最低标准。以往,总是通过身高、体重等生理数据来衡量幼儿的健康水平,忽视了情绪、个性等心理要素的发展情况,致使部分幼儿出现退缩、不合群、多动等行为,给婴幼儿成长带来了极大的不利影响。最后,托育要以全面发展为目标。婴幼儿阶段是个体成长初始期,各方面品质的培养是日后形成健全人格、高尚品德、科学素养的重要基石。因此,社区托育服务要兼顾婴幼儿德智体美劳全面发展。

任务实操 10-3-1

查找济南市"泉心托"惠民工程详细资料,小组讨论,分析上述案例中托育机构与社区相结合的意义。

知识点拨

托育机构与社区关系建构的策略

一、利用社区的现有资源

托育机构可直接由社区来举办，利用符合托育服务要求的社区闲置空间改建为托育场所，为社区服务中心等综合服务设施增设托育服务功能。也可由专门的托育机构与社区或家庭合作设置托育点。托育点应当有托育资质，符合设置要求，严格把握安全标准和托育人员与婴幼儿的比例。整合社区的设施和人员资源，以"有需不出社区即可解决"为理想方案，减少人员聚集和流动。社区托育以安全卫生为前提，通过充分利用现有的社区公共空间，或租用民宅，或居家，或多个托育家庭互助等方式加以解决。运营过程中，充分衔接社区卫生、文化、体育等设施的托育服务功能。鼓励社区内经验丰富、有专业资质的人员提供家庭互助式托育服务。在托育服务场地和人力等方面充分利用社区内部资源。

微课：托育机构与社区关系建构的策略

对于家庭教育来说，社区里的绿植街道、公共设施、标语告示等可以被家长转化为教育资源，社区开展的托育服务更是如此。社区管理者可以协同教师一起，定期开展亲子游戏、教育讲座、家长辨析会等交流活动，从中对家庭教育进行适当指导。一方面，拓展托育服务的功能，提高家长的教育水平，发挥社区服务居民的作用，更好地展现社区管理与教师教育的专业性，让大家能够重视社区托育服务的价值；另一方面，社区管理者与托育师可以通过和家长的沟通交流，及时掌握他们对托育的需求，不断调整社区托育服务的方法与内容。

二、托育方式灵活多样

可采取家庭式托育、社区日间托育中心等多种托育服务模式，就近方便家长接送探视。对于有入户需求的，可由托育机构派专人入户托育，考虑降低经济负担的可把相关家庭组织起来一起居家托育。社区有条件的可建立日间托育中心，提倡专门机构参与下的家庭互助。

三、创造温馨舒适的托育环境

托育的环境创设应当尽可能依照家庭生活的环境，使婴幼儿能够在温馨熟悉的感觉中获得安全感和信任感。应特别看重照护人员对婴幼儿的爱心、耐心、细心。照护人员为家庭提供照看照护服务的同时，还可对家庭主要看护者提供育儿指导等早期教育服务。

四、普及普惠性的托育模式

近两年国内消费已成为促进经济增长的主要力量，每个人既是消费者也是生产者，托育服务在解放劳动力方面将会起到至关重要的作用。托育服务政策必须进行兜底性设计，既要使更多家庭的托育需求释放出来，又要体现其公共性、公益性，让更多家庭从中受益。而社区托育因其成本低而具有天然的普惠优势，能满足家庭的不同托育需求，成为托育服务普惠普及的基本模式。

五、鼓励社会力量的参与

鼓励社区运用公办民营、民办公助、合作办托等多种运营模式引入社会资源。尝试通过"社区＋幼儿园""社区＋托育机构"等合作方式，根据居民需求提供托幼一体化、社区托育点等服务模式和全日托、半日托、计时托、临时托等多样化服务形式。积极尝试与能够提供托育服务的物业企业合作。开发社区志愿服务新领域，引导能够为托育提供服务的社会组织、志愿者服务团队等开展社区托育志愿服务。探索发展家庭托育点等家庭互助式托育服务新业态，促进社区托育服务多点开花。

扫码学习 10.4 托育机构与家庭、社区合作共育的价值

任务实操 10-3-2

进一步查找相关资料，分析"泉心托"惠民工程中托育机构与社区关系建构的策略。

巩固提升

一、多项选择题

1. 托育机构公共关系的原则包括（　　）。
   A. 持之以恒原则　　　　　　　　B. 实事求是原则
   C. 真情沟通原则　　　　　　　　D. 全员公关原则
2. 托育机构公共关系的途径包括（　　）。
   A. 做好内部公关　　　　　　　　B. 重视家长工作
   C. 开展社区服务　　　　　　　　D. 争取政府支持
   E. 借助媒体宣传
3. 托育机构家长工作的策略包括（　　）。
   A. 将家长工作纳入各项工作日程　　B. 对教师进行家长工作策略培训与指导
   C. 托育机构将家长工作制度化　　　D. 托育机构科学引导家长行为
4. 托育机构社区工作的意义包括（　　）。
   A. 有利于托育机构充分利用社区资源
   B. 有利于营造良好的幼儿教育环境
   C. 有利于使婴幼儿教育更好地立足当地实际，因地制宜，形成特色
   D. 有利于发挥托育机构的社会服务功能，促进社区的发展。

二、判断题

1. 托育机构外部公共关系不包括同行。（　　）
2. 托育机构公共关系是以互惠互利为原则的，因此良好的托育机构公共关系的建立必然是公共关系的主客体双方都得到相应的发展。（　　）
3. 托育机构公共关系的建立只是园长或少数管理层的事情，跟其他员工无关。（　　）
4. 托育机构与家长的联系与沟通是做好托育机构家长工作的前提和基础。（　　）

拓展资源

1. 扫码学习。

扫码学习 10.5　上海市人口早期发展协会婴幼儿照护服务专委会简介

扫码学习 10.6　济南市托育行业协会介绍

2. 图书推荐：《托幼机构管理》（[美]菲利斯·M.科里克，北京师范大学出版社），学习了解美国托幼机构的家长公共关系。

考核评价

班级_____ 组别_____ 姓名_____ 学号_____ 日期_____ 评价项目_____

评价阶段	评价内容	分值	佐证材料	学生自评	小组互评	教师评价	平台数据
课前自学	"扫码学习"完成度	10	平台完成度数据				
	自学自测	10	是否完成测试题				
课中实训	任务实操 10-1-1	10	实操任务完成情况				
	任务实操 10-1-2	5	实操任务完成情况				
	任务实操 10-1-3	5	实操任务完成情况				
	任务实操 10-2-1	10	实操任务完成情况				
	任务实操 10-2-2	5	实操任务完成情况				
	任务实操 10-3-1	10	实操任务完成情况				
	任务实操 10-3-2	5	实操任务完成情况				
	素质目标达成情况	5	助力托育机构、家庭、社区的有机统一的责任感和使命感				
		5	是否具备优良的家庭美德，促进社会主义和谐社会的建设				
巩固提升	巩固练习	10	课后练习完成度				
	拓展资源	10	平台完成度数据				
	合计	100	教师签名				
	项目得分						

评价说明：在本项目完成之后，由任课老师主导，采用过程性评价与结果评价相结合，综合运用自我评价、小组评价和教师评价三种方式，由教师确定三种评价方式分别占总成绩的权重，计算出学生在本项目的考核评价得分。(平台数据完成的打√；未完成的打 ×)

项目十一
托育机构品牌管理

项目概述

"品牌"这个词的来历源远流长。品牌是一种标识,代表一种以文化底蕴为内涵的无形资产,同时,它又是一种有力的竞争手段和武器。品牌是名字、术语、标识、设计以及其组成的集合,是能使拥有者的产品或服务区别于竞争对手并且带来增值的无形资产,是社会公众对拥有者的组织、产品以及服务认识的总和。品牌的整体含义可分成六个层次,它包括品牌的属性、品牌的个性、品牌的用户、品牌的文化、品牌的价值和品牌的权益。当今是一个品牌的时代,品牌竞争是其基本特征。托育机构处于现实社会情境中,正是体验到外在社会变化所带来的影响和压力,托育机构品牌竞争问题也日益凸显出来。只有充分认识到品牌托育机构的价值和意义,自觉树立品牌意识,有目的、有计划地策划、经营与维护品牌、创新品牌,充分挖掘品牌的价值,发挥品牌的作用,才能使托育机构在幼教市场中立于不败之地。

本项目重点学习托育机构品牌的内涵和托育机构品牌的维护与提升。

学习目标

素质目标
1. 强化托育工作者的职业精神、责任意识和品牌意识。
2. 培养管理者思维和能力。
3. 坚定文化自信。

知识目标
1. 了解什么是托育机构品牌。
2. 认识托育机构的品牌的特性。
3. 了解如何维护和提升托育机构的品牌。

能力目标
1. 能够分析品牌托育机构的特性。
2. 能够了解品牌托育机构维护和提升的关键因素。
3. 能够尝试对托育机构提供品牌策划方案。

 **案例导入**

某省级示范性托育园，在注重托育品质与各项常规管理的同时，还做了以下工作。建立党组织，实行党建引领；开设公众号，公布每周食谱，宣传托育园动向，开辟家庭教育专栏，指导家长科学育儿；定期组织家园活动和社区活动；约请儿保专家免费为婴幼儿查体；与相关院校和科研机构合作，提高婴幼儿照护和早期发展水平；面向社会广泛征集评选托育园标志；聘请专业设计师为该园设计吉祥物，制作钥匙扣、小背包和大型人偶。该园为什么要做这么多"额外"的工作呢？

课前自学

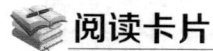 **阅读卡片**

什么是品牌

品牌是制造商或经销商加在商品上的标志。它由名称、名词、符号、象征、设计或它们的组合构成。品牌是人们对一个企业及其产品、售后服务、文化价值的一种评价和认知，是一种信任。品牌已是一种商品综合品质的体现和代表，当人们想到某一品牌的同时总会和时尚、文化、价值联想到一起，企业在创品牌时不断地创造时尚，培育文化，随着企业的做强做大，不断从低附加值转向高附加值升级，向产品开发优势、产品质量优势、文化创新优势的高层次转变。当品牌文化被市场认可并接受后，品牌才产生其市场价值。

一般包括两个部分：品牌名称和品牌标志。

（1）一般意义上的定义：品牌是一个名称、名词、符号或设计，或者是它们的组合，其目的是识别某个销售者或某群销售者的产品或劳务，并使之同竞争对手的产品和劳务区别开来。

（2）作为品牌战略开发的定义：品牌是通过以上这些要素及一系列市场活动而表现出来的结果所形成的一种形象认知度、感觉、品质、认知，以及通过这些而表现出来的客户忠诚度，总体来讲它属于一种无形资产，所以这时候品牌是作为一种无形资产出现的。

阅读卡片

托育机构品牌

托育机构的品牌是基于被教师、家长和社会各界人士认可而形成的一种无形资产。托育机构品牌具有显性的有形因素（包括托育机构名称和品牌标志）和隐性的无形因素（包括教育质量和文化底蕴等）。一所品牌凸显、特色鲜明的托育机构要有好的办学宗旨、办学理念、办学条件和管理机制等。托育机构品牌，不是一个机构的名称，而是一种文化内涵的外在体现，是一种不可复制的核心竞争力量。托育机构的品牌是托育机构与教育消费者（家长与婴幼儿）之间的心理"契约"。社会越成熟，品牌效应越明显。一个形象好、知名度和美誉度高的托育机构容易获得社会的重视、政策的倾斜、社会的支持、家长的信任、师幼的认可，可以优化和拓展托育机构的生存和发展的空间，为托育机构赢得更多的机遇。

阅读卡片

托育机构品牌建设

托育机构品牌建设是一个漫长的过程而不是结果。一个知名的教育品牌是长期沉淀的结果，也是持续不断地努力的结果。托育机构品牌不是靠口号、标语和广告堆砌起来的，而是体现在教育教学和托育机构一日生活的每个环节中。

一、凝练园所文化，擦亮品牌底色

文化理念是托育机构品牌建设的"底色"，是托育机构改革的底层脉络，是内涵发展的重要体现。文化理念作为托育机构对理想教育的追求，对其办学目标和发展方向有着引导和规范的作用。托育机构要不断地审视自己的办园理念和文化，提炼符合托育机构自身特色、遵循婴幼儿发展特点和需求的办园理念，并使之成为托育机构的指南针与精神支柱。

二、深化课程特色，筑牢品牌根基

课程是托育机构品牌建设的"根基"。课程是教育活动的核心依托和重要载体，托育机构品牌建设的核心是保教质量的提升，而保教质量依托于系统完善的课程体系。因此，托育机构要将课程置于品牌建设的重要位置。要以文化理念为土壤，根植有特色、有依据、有根基的保教课程。

三、优化园所环境，筑造品牌风景

园所环境是托育机构品牌建设的"风景"。环境既是高品质托育机构品牌建设的底层资源，也是托育机构品牌的显性表达。环境是婴幼儿成长的重要资源，在开发智力、想象力和自主能力等方面都是"隐性"的助手。环境是园所内涵的充分彰显，是反映托育机构的教育水平、管理水平和专业程度的一个重要指标，能够体现教师专业风采。

四、锻造员工队伍，激活品牌源泉

员工队伍是托育机构品牌建设的"源泉"。办好一所托育机构，队伍建设是关键。员工队伍建设要注重将内生动力的激发与外在评价的推动两者相结合，采取分层培养的模式，把握不同教师的不同发展阶段、水平和需求，针对性地激励老员工克服职业倦怠。引导年轻员工树立职业认同，树立正确的"儿童观""教育观"和"价值观"。

五、推动多方共育，搭好品牌支架

家园社共育是托育机构品牌建设的"支架"。托育机构要将家庭、社区作为托育服务的同行者和支持者，作为品牌"挚友"擦亮品牌名片。需要在提高托育机构与家庭、社区之间的"协同性"上积极开展工作，努力推动内外部资源力量的统整，既鼓励家长学习教育理论，优化家庭教育，也要走进社区、社会，更将家长和社区资源积极引进到托育机构品牌建设中来。

六、创新集团管理，强化品牌后盾

高效管理是托育机构品牌建设的"后盾"。托育机构品牌的建立需要一套科学有效、相互协调、运转有效的管理机制为其保驾护航。在管理层面，一是坚持党的引领。托育机构管理的核心要义是党建引领，以党建为核心不断提升意识形态站位，筑牢信仰之基，把稳思想之舵。二是提升管理技术。高水平的管理能够保证托育机构各项工作有条不紊、井然有序地推进，实现高效能治理。

课前自测

一、填空题

1. 品牌是人们对一个企业及其_____、_____、_____的一种评价和认知，是一种信任。
2. 托育机构品牌具有显性的有形因素_____和隐性的无形因素_____。

二、判断题

1. 托育机构品牌等同于企业品牌。（   ）
2. 托育机构品牌等同于品牌托育机构。（   ）
3. 托育机构品牌是靠口号、标语和广告堆砌起来的。（   ）
4. 打造托育机构品牌建设的条件是准确的自身定位、科学的办园理念和一流的师资队伍。（   ）

课中实训

项目十一课前自测答案

实训目标

1. 能够了解托育机构品牌的特点。
2. 能够掌握构成托育机构品牌的关键因素。
3. 能够掌握托育机构品牌的维护和提升的内涵建设。
4. 能够为托育机构品牌提供差异化服务方案，提高核心竞争力。
5. 培养严谨的科学意识和条理细致的学习态度。

实训条件

项目十一实施条件如表11-1所示。

表 11-1　项目十一实施条件

名　称	实　施　条　件	要　　　求
实训环境	理实一体化教室	校园网无线 Wi-Fi，可在线观看线上资源
物品准备	① 签字笔； ② 记录本（活页）； ③ 手机或平板电脑等录音录像设备； ④ 投影仪或一体机	案例材料充足，满足学生需求
知识准备	① 初步了解关于托育机构品牌的特点； ② 初步掌握如何维护和提升托育机品牌； ③ 初步具备为托育机构品牌提供策划方案的能力； ④ 初步具备一定的合作理念和创新意识	理解相关知识点

 实训步骤

1. 小组讨论，列表分析如何体现托育机构品牌特点。
2. 组小讨论，分析案例中的托育机构品牌成功的原因。
3. 小组讨论，对案例中托育园做出品牌维护与提升的策划方案。

任务一　认识托育机构的品牌管理

情境导入

庆龄汇美婴幼儿托育，创建于 2014 年，是全国最早从事专业 0~3 岁婴幼儿照护服务的品牌之一。庆龄汇美秉承宋庆龄先生的教育思想及理念，将培育中华精英，打造民族托育第一品牌作为品牌愿景，将践行中华宝宝科学培育事业，弘扬中华民族培育理念作为品牌使命。在国际先进托育理念和体系的学习、引进过程中，通过多年本地化运营和教学实践的探索，品牌逐渐形成了以适性成长培育体系为理论，通过中华主题式教学体系，开展多元探索课程体系的教学系统，并辅以双向测评系统对教学效果和婴幼儿身心成长进行评估。同时，开发出一系列拥有自主知识产权的配套教材和教具。

庆龄汇美品牌通过多年的运营积淀，具备社区型、企业型、婴幼一体型、家庭托育点型等多模式运营能力，在北京、上海、济南先后建立起品牌园区。2021 年，联合济南市托育领域优秀企业，积极向济南市卫健委申报成立全国首批、山东省首家市级托育行业协会。通过两年多的行业资源整合，结合泉城济南特有的人文背景，开创性地提出了建设城市托育产业品牌"泉心托"，并被纳入政府工作报告，未来济南市托育惠民工程将以"泉心托"为统一标识，丰富城市品牌内涵，拓展托育产业外延。庆龄汇美心怀强烈的社会责任感和国家人口优化持续发展事业的使命感，通过不断的努力和创新，实现了由企业品牌向城市产业品牌建设的升级。2023 年 7 月中国人口协会托育服务分会成立仪式暨"大力发展普惠托育服务体系"论坛上，济南市婴幼儿托育服务行业协会会长郑少文做了"双核驱动构建托育体系，支撑民族托育品牌建设"的专题报告。

任务提示

1. 什么是托育机构品牌？
2. 托育机构品牌建设的决定性因素是什么？

知识点拨

托育机构品牌的内涵

市场条件下，品牌已经成为托育机构赢得社会、家长和求得生存与发展的关键。随着托育政策频频出台，国家对托育的大力扶持，托育机构应运而生。市场条件下品牌已经成为托育机构赢得家长和求得生存与发展的关键，托育机构必须树立品牌竞争的意识。托育机构要想在竞争中赢得一席之地，既要有非常高的教育质量和良好的教育服务，又要有鲜明的办学理念和合理的品牌定位。要在社会上树立自己的形象和地位；在家长心目中树立良好的信誉度，形成巨大的吸引力。由此可见，打造品牌托育机构是托育机构进入市场、优化教育资源配置的必然选择。因此，要打造品牌托育机构，提升品牌托育机构价值，用品牌推动托育机构持续健康发展。

知识点拨

托育机构品牌的特点

一、教育性

0~3 岁婴幼儿的早期教育注重的是对孩子内在基础素质和能力培养的黄金期。托育机构强调的服务具备教育的功能，既教育式保育，强调照料者与婴幼儿之间建立信任的关系，做到专注以及尊重婴幼儿的心理需求，给婴幼儿营造安全的心理环境，为婴幼儿提供专业、科学、系统的教养环境。

二、特色性

特色设计或称"个性定位""差异化战略"，是创建品牌的首要环节。每个托育机构都拥有不同的特色，特色也是品牌托育机构的一大亮点，除了日常的照护服务，特色课程体系也是托己机构品牌的一大亮点，如蒙氏课程、感统课程等。托育机构的特色体现在遵循教育规律，发展本园优势，选准突破口，实行整体优化，逐步形成的一种独特的、优质的、稳定的办园风格和样式。

三、忠诚性

口碑传播往往比其他信息来源更具可信度。它可以吸引和留住许多忠诚的客户，有利于客户之间的口碑传播，从而增加客户的数量。一个好口碑的托育机构往往都有一个相对稳定的忠诚与该品牌的家长群体。

扫码学习 11.1 托育机构品牌的效应

任务实操 11-1-1

公开资料显示，托育行业的知名品牌的睦米日托（MOMYHOME），是早幼教产业链综合教育集团运动宝贝 Gymbaby Group 旗下婴幼托育机构。已于 2021 年宣布完成人民币亿元级 A 轮融资，由卓越集团战略投资，创行业单次披露最大融资金额纪录。睦米日托为中高端学龄前婴幼儿家庭提供保育照护服务，打造集日托、早教、婴幼儿活动、师资培训、父母课堂、家庭服务为一体的教养模式。目前，该机构已在全国开设超过 150 家连锁加盟托育中心，遍布 20 多个省市、近百个地区。睦米日托不仅试图给员工建立"终身向上发展"的有效通路，还打造了婴幼儿早期教育专业认证体系，在教学环境、课程设计、婴幼照护、婴幼儿发展评估、中心运营、师资能力、教材教具等多个领域为托育机构和教育投资人提供专业化标准化的建设方案、营运配套、评估认证。

小组讨论，列表分析上述案例中如何体现托育机构品牌特点，填入表 11-2。

表 11-2 托育机构品牌特点

教育性	
特色性	
忠诚性	

知识点拨

品牌托育机构的基本要素

一、清晰的品牌定位

托育品牌需要看托育机构的教育理念和战略规范。教育理念是托育品牌的核心，托育机构的工作是围绕着核心而展开的。教育理念的好坏决定了品牌定位高低。选择一个优秀教育理念、定位高端、经过市场考验的托育品牌进行投资，这将会在诸多托育机构的竞争中，脱颖而出，获得更多的生源。

二、良好的品牌口碑

市场上托育品牌的合伙店、加盟店倒闭、跑路的新闻已经是屡见不鲜了。一个品牌口碑的好坏，需实地考察或看看托育机构家长们的评价，而不是单方面相信托育品牌的宣传。好口碑的托育品牌，可以节省投资者的部分宣传资金。托育中心是直接关系到婴幼儿的健康成长，家长挑选托育机构尤为慎重，拥有良好口碑的是家长们首要考察条件。

三、特色的核心课程

一日流程是托育机构的核心课程，只有最基础的一日流程是远远不够的，在市场激烈竞争的环境下，托育品牌还需要有自己的特色品牌课程对外出击、竞争。投资开设一个有拥有完整一日流程和特色品牌课程的托育机构，可以节约课程体系研发的时间和人力成本，可以做到开园即能招生运营。

任务实操 11-1-2

GANOR 佳诺智慧托育中心总部设于南昌和上海，是一家专注 0~3 岁婴幼儿托育服务的品牌。中心以近 20 年早期教育经验和对婴幼儿的认知，与世界多地进行学术共建交流，

国际理念加上中国属地化特点的婴幼儿身心发展为核心进行培育课程研发、婴幼儿照料和保育保健体系搭建与信息化的同步搭建打磨，并运用"AI+托育"进一步将人工智能、大数据、互联网运用在行业安全、培育目标、管理体系。

1. 行业优势

GANOR 佳诺拥有 20 年早幼托行业经验，是国家级托育 1+N 试点单位，深圳首家托育备案机构，同时也是南昌和深圳当地示范性托育单位，目前校区分布全国 120 个城市，拥有 11 家直营中心和 200 家托育园所。

2. 课程体系

历经两年以国际理念结合中国属地化特点自主研发 0~12/12~24/24~36 分月龄的 VLH 托育课程，0~72 月龄亲子早教课程和个性化教材教具，拥有 9 大特色课程，7 大领域，5 大维度，全方位培养孩子的生存力、学习力和幸福力。

3. 培训体系

近 20 年中高端幼儿教育成熟培训经验，拥有 GANOR 托育学院 +GANOR 佳诺在线学院"线上＋线下"全方位托育导师培训体系，培养托育、早教专业人才。

4. 标准化输出

30 本标准化手册包括：婴幼儿照料和保育保健体系，园务管理，婴幼儿一日流程 SOP，托育四区：清洁区、安全医护区、调制区、游戏区、云平台资料库等。

5. 智慧托育系统

利用 AI 等信息化技术可视化提升托育服务，帮助机构降本增效，全方位助力经营决策、客群维护、招生引流，智慧托育的加速器。

查阅资料，小组讨论，分析上述案例的托育机构品牌成功的原因。

任务二　了解托育机构品牌的维护与提升

情境导入

2022 年，好姑姑托育园通过层层评选，荣获了浙江省杭州首批"示范性婴幼儿照护服务机构"的称号。好姑姑托育集团表示，在接下来的路程中，将发挥示范带头作用，以优带动更优，以"1+X"的模式辐射带动区域服务扩容提质，共同为婴幼儿提供高质量、均衡的托育服务。

任务提示

1. 如何提升托育机构品牌形象？
2. 托育机构品牌维护与提升的关键因素是什么？

知识点拨

托育机构品牌的维护与提升

一、树立强烈的品牌意识

市场条件下，品牌已经成为托育机构赢得大多数消费者的选择。在这种情况下，托育机构必须树立品牌意识并认真审视品牌管理策略。任何品牌都必须发现和科学定位自己的核心价值，而后紧紧围绕这个主题，将这个核心价值向目标消费者、向公众传播，在其心目中建立清晰、可感的核心价值形象，并在各个环节中不断加强、巩固这一核心价值。打造托育机构品牌，需要充分考虑社会的客观要求、托管机构的客观基础、办学的客观条件和教学的客观规律，建立稳定巩固的品牌形象。

二、依靠优秀管理者和优秀教师，保障托育机构品牌的可持续发展

管理者是实现托育机构目标的核心和关键。托育机构的品牌化发展离不开品牌优秀的管理者和优秀的教师。托育机构的管理者是托育机构品牌创建的主要设计者、组织者和管理者。作为品牌化发展，管理者必须有先进的教育和管理理念，努力成为品牌管理的行家里手。管理者必须带领教职工一起，制定清晰的、长远的品牌战略，塑造好鲜明的品牌形象，坚定不移地走品牌化发展道路。同时，围绕师德高尚、业务精湛、服务优良、业绩突出、个性鲜明等诸方面，打造一流的教师队伍，培养一批品牌托育机构的品牌教师，为品牌托育机构的科学、持续、特色发展打下坚实的基础。

三、建设特色的托育机构文化

和谐的文化环境是创建托育机构品牌的基础。文化建设的内涵十分丰富，既包括托育机构的物理环境构成的物质文化，也包括由园区领导和员工等构成的精神文化。这两种文化的表现方式，可以是显性的，也可以是隐性的，都能对保育师和婴幼儿心理和行为产生一定的影响，也是建设托育机构特色，打造托育机构品牌的一项重要内容。因此，要注重托育机构文化建设，对托育机构文化作出统一的部署，使园所能体现出自己的特色目标、品牌的特点和优势。机构的规章制度、特色方向、办托理念、园风、都会成为师幼的心理行为及推动力，也会使每一位来访者感受到浓郁的特色品牌氛围。托育机构的负责人要不断提醒员工，将工作目标与教育的终极价值相统一，并形成共识。使全体员工在了解教育使命和教育核心价值的前提下，自觉自愿地投身到托育机构的各项活动之中，并积极地影响家长和周围的人，进而扩展和强化了托育机构与家长基于教育共识而产生的品牌忠诚关系。

四、以婴幼儿照护科研为助推器建立品牌

托育机构的成功的因素可能是多方面的，但强调和推进科研无疑是其中一个下可或缺的因素，甚至可以说是成功的核心所在。科研能促进保育师的成长和发展，从而进一步促进托育机构的发展。要想打造品牌托育机构，必须重视和强化、提升保育师照护、教育科研水平。托育机构科研要培育保育师良好的职业体验；要着眼于帮助保育师改进保教工作；要关注托育机构科研的有效性；要引导员工认识到参加教科研是提高自身素质的必由之路。

扫码学习 11.2 托育机构品牌危机的处理策略

任务实操 11-2-1

假设你是一所刚刚通过备案的托育园负责人，上网搜索 2 到 3 所知名托育品牌的建设情况，撰写托育园品牌维护与提升的策划方案。

巩固提升

一、多项选择题

1. 托育机构品牌的特点包括（　　　）。
   A. 知名度　　　　　B. 美誉度　　　　　C. 忠诚度
2. 托育机构品牌建设的基本要素包括（　　　）。
   A. 教育质量　　　B. 核心竞争力　　　C. 科学管理　　　D. 托育机构形象
   E. 园所文化　　　F. 创新精神　　　　G. 服务意识
3. 托育机构品牌建设的策略包括（　　　）。
   A. 准确定位品牌，创新教育思维　　　B. 以提高教育质量为核心建立品牌
   C. 以教育科研为助推器建立品牌　　　D. 以广泛的社会参与为关键点建立品牌
   E. 以构建一流的师资队伍为基石建立品牌　　F. 以领袖品牌为目标建立品牌形象
4. 托育机构的园所文化包括（　　　）。
   A. 制度文化　　　B. 环境文化　　　C. 教师文化　　　D. 课程文化

二、判断题

1. 品牌是一个不断互动的过程，从系统品牌运营来看，品牌的运动发展不仅表现为一个持续性的时间过程，空间上也有相应的展开。（　　　）
2. 托育机构品牌管理和运营者应对托育机构宏观经营管理和微观品牌对策有一定的认知。（　　　）
3. 托育机构品牌文化是托育机构的生命线，是彰显托育机构品牌的窗口。（　　　）
4. 品牌托育机构都是通过市场运作，使其品牌在短期内得以迅速提升。（　　　）

拓展资源

扫码学习 11.3　全国幼儿照护示范城市

扫码学习 11.4　如何打造示范性托育机构

✦ 考核评价

班级_____ 组别_____ 姓名_____ 学号_____ 日期_____ 评价项目_____

评价阶段	评价内容	分值	佐证材料	学生自评	小组互评	教师评价	平台数据
课前自学	"扫码学习"完成度	10	平台数据				
	自学自测	10	是否完成测试题				
课口实训	任务实操 11-1-1	20	实操任务完成情况				
	任务实操 11-1-2	10	实操任务完成情况				
	任务实操 11-2-1	20	实操任务完成情况				
	素质目标完成情况	5	是否具职业精神、责任意识和品牌意识及初步的管理者思维和能力				
		5	是否能够坚定文化自信				
巩固提升	巩固练习	10	课后练习完成度				
	拓展资源	10	平台完成度数据				
合计		100					
项目得分			教师签名				

评价说明：在本项目完成之后，由任课老师主导，采用过程性评价与结果评价相结合，综合运用自我评价、小组评价和教师评价三种方式，由教师确定三种评价方式分别占总成绩的权重，计算出学生在本项目的考核评价得分。（平台数据完成的打√；未完成的打×）

项目十二
托育机构工作评价

项目概述

国务院在《关于促进养老托育服务健康发展的意见》中提出"重点加强托育机构质量问题监管";在《关于优化生育政策促进人口长期均衡发展的决定》中明确"加强托育服务综合监管,建立健全评估制度"的发展目标,可见国家对托育机构质量和评价的重视。

科学有效的托育机构工作评价是促进托育机构高质量发展建设的重要依据。近年来,国家和地方陆续出台有关托育机构工作评价的文件,逐步构建托育机构工作评价体系,明确标准,为托育机构建设和发展打好基础。

本项目学习的内容主要包括:托育机构工作评价概述、托育机构工作内部评价和托育机构工作外部评价,重点学习托育机构卫生保健工作评价。

学习目标

素质目标
1. 遵从法律法规,客观公正进行托育机构各项工作评价。
2. 以评促学,依据评价标准提升管理意识和专业水平。

知识目标
1. 理解托育机构工作评价的基本理论。
2. 掌握托育机构工作评价的基本要求。

能力目标
1. 能够按照相关法律法规进行托育机构卫生保健工作评价。
2. 能够依据相关法律法规构建托育机构保育等工作评价。

案例导入

北京市卫生健康委员会关于开展示范性托育机构创建工作的通知

各区卫生健康委、北京经济技术开发区社会事业局:

为落实《北京市人民政府办公厅关于促进3岁以下婴幼儿照护服务发展的实施意见》,

规范发展多种形式的婴幼儿照护服务机构，我委决定开展北京市示范性托育机构创建工作。现将有关事项通知如下。

各区卫生健康委、经开区社会事业局要高度重视创建工作，切实加强组织领导，严格标准，好中选优，公平公正地进行评审推荐。市卫生健康委将及时总结推广典型经验，不断扩大示范效应，同时根据工作实际在政策、项目等方面给予示范机构一定倾斜。

北京市卫生健康委员会
2020 年 12 月 30 日

课前自学

阅读卡片

**河北省卫生健康委关于印发《河北省托育机构
质量评价标准（2022 年版）》的通知**

各市（含定州、辛集市）卫生健康委（局），雄安新区管委会公共服务局：

为贯彻落实《河北省人民政府办公厅关于促进 3 岁以下婴幼儿照护服务发展的实施意见》，加强托育机构质量评估和水平提升，我委研究制定了《河北省托育机构质量评价标准（2022 年版）》，现印发给你们，请遵照执行。

附件：《河北省托育机构质量评价标准（2022 年版）》

河北省卫生健康委
2022 年 1 月 7 日

扫码学习 12.1 《河北省托育机构质量评价标准（2022 年版）》

阅读卡片

国家卫生健康委办公厅关于做好托育机构卫生评价工作的通知

各省、自治区、直辖市及新疆生产建设兵团卫生健康委：

为贯彻落实《国务院办公厅关于促进 3 岁以下婴幼儿照护服务发展的指导意见》（国办发〔2019〕15 号），促进托育机构规范发展，满足人民群众对婴幼儿照护服务需求，保障婴幼儿健康，根据《托育机构登记和备案办法（试行）》（国卫办人口发〔2019〕25 号）

有关要求，现就做好托育机构备案相关卫生评价工作通知如下。

国家卫生健康委办公厅
2022 年 7 月 28 日

扫码学习 12.2　国家卫生健康委办公厅
关于做好托育机构卫生评价工作的通知

一、填空题

1.《河北省托育机构质量评价标准》中提出了 10 个一票否决项目，其中指出，保育人员与婴幼儿人数比例不低于以下标准：乳儿班_____，托小班_____，托大_____，混合班_____。

2.《河北省托育机构质量评价标准》中提出了七个评定项目，保育服务项目中指出，根据婴幼儿月龄特点制订多种形式的活动计划，以_____为主要活动形式，促进婴幼儿_____、_____、_____、_____、_____和_____等方面发展。

二、判断题

1. 托育机构备案时，登录托育机构备案信息系统，按照《托育机构登记和备案办法（试行）》第八条第四项要求，向所在地县级卫生健康部门提供自我评价合格的托育机构卫生评价报告（不再另行提供《托育机构登记和备案办法（试行）》要求的评价为"合格"的《托幼机构卫生评价报告》）。（　　）

2. 托育机构备案前按照《托育机构卫生评价基本标准（试行）》进行自我评估，达到基本标准各项要求的方为优秀。（　　）

3. 婴幼儿生活用房不应设置在地下室或半地下室，乳儿班和托小班应有安全围栏、地垫。（　　）

项目十二课前自测答案

实训目标

1. 了解国家和地方出台的托育卫生保健工作评价的相关法律法规。
2. 能够掌握托育机构卫生保健工作评价的流程及所需备案材料。

实训条件

项目十二实施条件如表 12-1 所示。

表 12-1 项目十二实施条件

名 称	实 施 条 件	要 求
实训环境	理实一体化教室	校园网无线 Wi-Fi 可在线观看线上资源
物品准备	① 签字笔； ② 记录本（活页）； ③ 手机或平板电脑等录音录像设备； ④ 投影仪或一体机	材料充足，满足学生需求
知识准备	① 初步了解关于托育机构工作评价的指导文件； ② 初步掌握国家托育机构评价工作的要求	浏览理解相关文件、知识点

实训步骤

1. 查找资料，分析托育机构工作评价的主要类型，完成列表。分析情境导入中托育机构工作评价所属的类型。
2. 分组讨论托育机构卫生评价的基本标准。
3. 小组合作，搜集整理资料：近三年有关托育的国家和所在省份政策文件。

任务一 认识托育机构工作评价基础知识

情境导入

为加强济南市托育机构专业化、规范化建设，贯彻落实全市关于争创国家首批托育示范城市的工作要求，提升婴幼儿托育行业服务水平，加强行业自律。2022 年 6 月 13 日至 6 月 24 日，济南市婴幼儿托育服务行业协会自律小组开展会员单位情况排查工作。

本次自律小组会员单位园区情况排查工作根据济南市卫健委和济南市托育服务行业协会工作要求，围绕疫情常态化防控、组织机构管理、场地设施设备、入托管理、保育管理、安全管理、人员管理等方面开展各项工作。

通过自律小组对园区工作情况实地排查，有利于打造托育行业的合规文化，促进托育机构有序竞争和友好合作，进一步提高了行业服务水平和从业人员素质，为引领行业持续健康发展奠定了坚实的基础。下一步将围绕济南市、区（县）卫健部门要求深度开展托育行业自律工作。

任务提示

1. 托育机构工作评价有什么意义和作用？
2. 托育机构工作评价的内容和类型有哪些？
3. 托育机构工作评价的原则和方式是什么？

知识点拨

托育机构工作评价的意义和作用

评价是对事物的价值进行判断的过程。托育机构工作评价是根据一定的目的和标准，采取科学的态度和方法，对托育机构工作中的保教活动、人员、管理和条件的状态与绩效，进行质和量的价值判断。

托育机构工作评价是了解托育机构工作的适宜性、有效性，进而调整和改进工作的重要手段，对促进托育机构高质量发展具有重要意义。具体来说，托育机构工作评价具有以下四方面作用。

1. 鉴定作用

鉴定作用指检查或鉴定托育机构工作目标的达成程度。

2. 诊断作用

通过评价，可以及时发现托育机构工作与预定目标之间的差距和问题，明确努力方向。

3. 改进作用

评价最重要的作用就是促进托育机构的改革。在评价过程中会发现不足和问题，可以及时地通过信息反馈，引起注意，促进托育机构工作的改进，提高托育机构工作质量。

4. 导向作用

托育机构工作评价标准是依据目前国家托育有关文件政策的指导思想确立的，具有鲜明的方向性。评什么和怎样评，对托育机构工作的实践产生直接的导向作用。

知识点拨

托育机构工作评价的分类

托育机构评价依据不同的标准可以分为不同的类型。

按照评价的主体可以分为自我评价和他人评价。自我评价是指评价者对自己进行的评价，即内部评价；他人评价是指除了自身以外的任何人或组织对该对象所进行的评价，即外部评价。

按照评价的对象不同，托育机构工作评价可以分为婴幼儿发展评价、保育师工作评价、托育园课程评价和托幼机构保育教育质量评价和托育机构卫生保健评价等。

按照评价的范围可以分为宏观的教育评价、中观的教育评价和微观的教育评价。宏观的评价，如对保育教育目的的评价、对托育制度的评价等；中观的教育评价，如对托育机构办托水平的评价、对托育机构课程的评价等；微观的评价，如对婴幼儿认知能力发展的评价等。

按照评价的功能不同可以分为诊断性评价、形成性评价和总结定评价。诊断性评价是指在某项学前教育计划未实施之前进行的预测性评价，诊断性评价的目的是为了了解评价对象的基础和情况，以便发现问题。形成性评价是指在某项学前教育计划实施过程中进行的评价，又称过程性评价，形成性评价的目的是在计划实施过程中不断调整以提高教育质量。总结性评价是指在某项学前教育计划结束后对其最终结果进行的评价，总结性评价的主要目的是对最终成果和预定目标之间的距离进行评价。

知识点拨

托育机构工作评价的内容

目前我国对托育机构质量评价没有明确的内涵界定，评价体系和标准也尚未完善，托育架构的评价可参考各省、市地方托育机构质量评价标准。

2022年6月发布的《北京市卫生健康委员会北京市财政局关于开展示范性托育机构创建工作的通知》中公布了《北京市托育机构质量评价要点（试行）》，从机构管理、队伍建设、照护环境、安全保障、卫生保健、家长社区合作、照护活动等七个方面，共33项关键指标对托育机构进行质量评价，如表12-2所示。

表 12-2　北京市托育机构质量评价要点（试行）

机构管理	制度与计划	是否建立了保障机构运行所需的成体系的制度，使各项工作有章可循。各项工作是否具有明确的规划计划，工作能否按照计划有序开展。
	保育管理	管理者能否对各班的照护活动进行有效的督查和指导。能否有效开展考研活动，解决保育活动中的实际问题。
	照护理念	是否具有正确、鲜明的理念，并且落实在机构工作的各个方面。
队伍建设	人员配备与资质	是否按照国家规定配足、配齐具备资质的工作人员。班级中的托育人员是否不兼任与托育照护无关的其他岗位工作。
	权益保障与工作条件	是否按照《劳动法》的规定与所有员工订立劳动合同、为教职工足项足额购买社保，教职工是否合法享有节假日。是否为员工提供充足的工作条件和便利的生活设施。
	职责与激励	是否订立了明确的岗位职责要求，保证各个岗位上的员工明确自身职责和工作要求。能否合理地运用评价手段，有效地激励员工的积极性。能否实施民主、平等的管理方式，为员工提供畅通的沟通渠道，具有融洽的组织氛围。
	专业提升	员工是否拥有内容丰富、形式多样、具有实效的培训机会。员工能否利用丰富的学习资源服务于自身的专业发展。

续表

照护环境	空间面积与规划	活动空间面积是否充足,是否对空间进行了合理的规划和利用。
	环境调节	各个班级是否具有充足的自然采光、良好的通风条件和温度控制设施。
	家具、设施及材料	机构和班级内的婴幼儿家具、生活照料设施是否充足、适宜。大肌肉活动器材/材料、玩具材料和图书是否数量充足、功能和种类多样,适合婴幼儿使用。能否对各类设施及材料进行良好的保养与维护、更新与添加。
	环境氛围及灵活性	物质环境是否温馨舒适。每个班级能否基于教师特点和婴幼儿的需求,形成具有班级特点的环境。
安全保障	婴幼儿身心保护	所有工作人员是否无虐待、歧视、体罚或变相体罚等损害婴幼儿身心健康的行为。能否保护婴幼儿及其家庭的隐私信息。是否无威胁婴幼儿安全的设施、设备和物品。是否按照要求配备防暴、消防、报警等安全设施与器材。是否建立婴幼儿生活与活动区域全覆盖的监控系统,且监控资料保留至少90天。是否按照要求接受相关部门的消防检查并合格。
	安全管理制度	是否制订了具体、全面、符合实际的安全管理制度,配备安全管理责任人、安保和安全检查人员,并明确各自职责和要求。
	安全检查	保育人员能否对班级环境、生活设施和用品、活动材料、婴幼儿携带物等进行每日检查。在婴幼儿睡眠期间,保育人员是否进行全程巡视,防止意外事故。能否定期对班级环境、设施设备进行安全检查,发现问题及时处理,并做好检查记录。
	安全预案与演习	是否制订了具体可行的应对火灾、地震、暴恐、自然灾害、意外伤害、食物中毒等情况的安全应急预案。每季度是否组织防火、防暴、防震安全演习,保育人员能否熟知应对各类突发事件的方法。
	安全教育	能否定期进行安全教育与突发事件应急处理培训,员工能否掌握急救常识,知道基本的防范、避险、逃生、自救方法。在日常生活中能否渗透婴幼儿的安全教育,提高婴幼儿的自我保护能力。
卫生保健	保健室配备	保健室是否配备基本的办公、消毒用品,以及卫生、安全、专用的健康检查用品。
	卫生与消毒	室内外卫生设备是否齐全。是否制订了室内外卫生清扫、消毒和检查制度,并定期以正确、规范的流程对环境、设施实施消毒。婴幼儿日常生活用品能否做到专人专用,婴幼儿及工作人员是否具有良好的个人卫生习惯。
	健康检查	所有工作人员是否进行岗前检查取得相关健康证,并定期接受健康检查。入托前是否查验婴幼儿的《预防接种证》、体检表。是否对入托婴幼儿定期进行健康检查。能否每天规范地开展晨午检及全日健康检查,了解婴幼儿的健康状况。

续表

卫生保健	健康档案与工作记录	是否建立了完整的健康档案和涵盖卫生保健工作各方面内容的工作记录,档案和记录是否真实、规范、清晰,且能够进行定期的分析回顾,发现并解决问题。
	疾病防控与管理	是否制订了传染病预防与控制制度,并能严格执行。是否制定了婴幼儿常见疾病的预防及处理方法,员工能够熟练掌握。
	儿童膳食	**是否制订了食品安全管理制度,是否取得相应资质,饮用水是否符合国家相关标准,能否严格按照规定进行食品留样。是否为母乳或者奶粉喂养提供方便,支持母乳喂养。**能否为不同年龄段的婴幼儿科学制定多样化食谱,并定期更换。
	健康教育	能否根据不同季节制订健康教育工作计划,注重在一日生活中培养婴幼儿的生活卫生习惯,渗透健康教育。能否以多种形式定期对员工及家长开展内容丰富的健康教育知识宣传和培训。
家长社区合作	协议签订	是否与家长或婴幼儿监护人签订协议,明确双方的权利、责任、义务。
	家长互动与育儿指导	能否通过多种形式与家长沟通,沟通内容全面,在照护理念与方法上努力与家长达成共识。能否采用多种形式为家庭提供育儿咨询指导或者相关资源,提高家长的育儿能力。能否组织多种活动,促进家长的参与。
	社区合作	能否发挥专业优势,了解周边社区家长的育儿需求,提供指导服务。能否与周边社区的其他组织或机构建立伙伴关系,开展合作。
照护活动	一日安排	能否根据不同年龄婴幼儿的生活和心理发展特点,合理安排一日生活和活动,保证其在机构内生活的规律性和稳定性,并能根据婴幼儿的个别需求灵活调整一日作息安排。
	保育计划	能否遵循婴幼儿成长特点和规律,安排适宜的活动,促进全面发展。能否关注个体差异,有针对性地控制照护计划,满足婴幼儿的个别化需求。
	生活照料	能否尊重和顺应婴幼儿的生理节律,进行良好的生活照料,并注意培养婴幼儿的自理能力、养成良好习惯。在生活照料中能否与婴幼儿进行一对一的交流互动,有效地支持其各方面的成长和发展。
	情感氛围	能否为婴幼儿创设温暖、尊重、愉悦的心理环境,与婴幼儿建立信任和情感联结,使其有安全感,乐于与他人交流互动。
	保育人员的敏感性	保育人员能否理解婴幼儿的言语和非言语表达,敏感观察婴幼儿,理解其生理和心理需求,并且时给予适宜的回应。
	照护的稳定性	保育人员和各班婴幼儿的安排是否具有较长期的稳定性,促使保育人员与婴幼儿及其家长建立良好关系。各班是否建立较为稳定的常规,让婴幼儿熟悉并适应于其中。
	婴幼儿观察与评价	保育人员是否注重观察和分析婴幼儿的行为表现、兴趣、个性特征、发展状况,并基于观察进行适当的引导。机构是否定期开展婴幼儿生长发育筛查,为有特殊需要的婴幼儿提供转介和相关服务。

注:表格中加粗字体为"必达项"。

项目十二 托育机构工作评价

任务实操 12-1-1

查找资料，分析托育机构工作评价的主要类型，完成表 12-3。

表 12-3 列表托育机构工作评价的主要类型

分 类 标 准	主 要 类 型

任务实操 12-1-2

分析情境导入中托育机构工作评价所属的类型。

任务二　掌握托育机构内部评价的组织与实施

情境导入

李园长是一家刚刚备案一年的托育机构的负责人，经同行提醒，加入了所在城市的婴幼儿托育服务行业协会。最近，行业协会自律小组开展会员单位情况排查工作，督促和建议各会员单位组织与实施内部评价。李园长很是不解，为了应对主管部门检查不得不做好准备，为什么还要进行内部评价呢？

任务提示

1. 托育机构工作内部评价主要包括哪些内容？
2. 托育机构各部门和岗位怎样进行考核评价？

知识点拨

托育机构工作内部评价的意义

托育机构工作内部评价对于托育机构管理的意义如下。

（1）内部评价是提高托育服务质量的必要手段。评价是了解婴幼儿照护和早期发展支持的适宜性，有效性调整和改进相关工作，促进每一名婴幼儿发展，提高托育服务质量的必要手段。

（2）内部评价是多方参与，相互支持与合作过程。托育机构管理者，各部门员工，婴幼儿及家长都是托育机构评价工作的参与者，通过内部评价，相互合作与支持，实现托育机构良性发展。

（3）内部评价是保育师提高业务能力的重要途径。内部评价是保育师运用专业知识审视托育实践，发现问题、分析问题和解决问题的过程，也是其自我成长的重要途径。

知识点拨

托育机构工作内部评价的内容

托育机构工作内部评价，属于自我评价范畴，是托育机构或组织对其内部的部门、岗位和工作质量进行监督和考核的过程。情境导入中，济南市婴幼儿托育服务行业协会自律小组开展会员单位情况排查工作，就是协会组织对内部会员单位进行的工作质量监督过程。

一般认为，托育机构工作内部评价的主要内容包括：办托条件自评、职工队伍考核、机构管理自评、保育照护自评、安全保障自评、早期发展支持自评、卫生保健自评等。

知识点拨

托育机构内部各部门和岗位的考核评价

托育机构工作由不同部门和岗位负责，各部门和岗位的工作情况需要进行监督和考核,这些属于托育机构内部评价的范畴。托育机构的部门和岗位设置以及对应职责和标准在之前章节已有介绍,这里重点展示保育师考核表,如表12-4所示。

表12-4 某示范性托育中心员工考核表

姓名:_____ 岗位:_____ 月份:_____ 考核人:_____

项目类别	考核指标	指标定义	月份					
			1月	2月	3月	4月	5月	6月
(一)师德	爱岗敬业	对工作高度负责,勤恳敬业,甘为人梯,乐于奉献						
	对待婴幼儿态度	耐心对待婴幼儿,不变相体罚、粗暴对待婴幼儿,不偏爱个别婴幼儿,关心婴幼儿身心健康						
		私人情绪影响到同事及婴幼儿身上						
	为人师表	衣着得体,不留指甲,不涂指甲油,语言规范,举止文明,尊重家长,廉洁奉公						
	积极学习	树立终身学习理念,拓宽知识视野,更新知识结构,潜心钻研业务,不断提高专业素养						
(二)职业素养	工作用心度	婴幼儿每日观察发展记录仔细填写并上交及时						
		工作中积极度、配合度高,努力改进不足并提高自身专业修养						
		在与家长沟通、说明上仔细、用心						
	工作效率	交付相关婴幼儿资料与婴幼儿活动照片及时率						
	责任心	及时进行婴幼儿替换衣物整理、归纳与更换						
		非常态接送幼儿情况,及时与家长对接						
	沟通协调	对家长疑问及时答复不延时,做到冷静耐心面对,及时恰当解决						
		虚心接纳领导、同事及家长提出的意见和建议,及时将改善付诸行动						

任务实操 12-2-1

参观一所托育机构,了解其卫生保健工作自我评估情况,并对照《托育机构卫生评价基本标准(试行)》进行评价。

_____托育机构卫生保健工作自我评估情况

任务三 掌握托育机构工作外部评价中的内容与对策

情境导入

据来自搜狐网 2020 年 7 月 1 日的报道(节选):2022 年 6 月 30 日,宝鸡市凤翔区卫生健康局、区市场监督管理局、区教体局、区卫生监督所、区疾控中心、区妇幼保健计划生育服务中心组成联合督导组,对托育机构进行质量评估和食品安全督导检查。

本次检查工作由区卫生健康局牵头实施,检查组先后来到宝鸡尚格品智和宝鸡幼苗春田两家托育机构,通过查阅资料、现场查看、交流询问等方式,参照《全国托育机构质量评估标准》,从办托条件、托育队伍、保育照护、卫生保健、养育支持、安全保障、机构管理等七个方面对托育机构质量进行了检查指导和评估打分。

任务提示

1. 目前托育机构工作外部评价是怎样进行的?
2. 托育机构工作外部评价的问题和对策有哪些?

知识点拨

济南市托育服务机构示范点评审

济南市卫生健康委员会和财政局联合下发文件《关于组织开展济南市托育服务机构示范点评审验收工作的通知》。《通知》中明确了评审内容和评分标准。

扫码学习 12.3
济南市托育服务
机构示范点评审

知识点拨

托育机构工作外部评价的对策

托育机构工作外部评价对于托育机构发展有导向、监督和促进作用。托育机构应充分重视外部评价，以评促建，提升自身工作水平。在此，提出以下建议。

一、及时关注并深入研读托育相关政策文件

近年来，国家和地方政府发布了一系列托育相关政策文件，托育机构应及时关注并深入研读相关文件政策，做到对国家托育政策导向保持高度一致，才能做好托育机构管理工作，跟上托育事业快速发展。

二、贯彻执行托育相关政策的要求，积极参与考核评价

托育相关政策文件不仅是国家、地方对托育的要求，也是保障和促进托育机构健康发展的措施。托育机构应严格贯彻执行国家、地方对托育的要求，对标对表，针对自身存在的问题积极诊改提升，努力提高自身建设水平。

三、主动开展自查自评

目前托育机构工作外部评价还不够健全，托育机构不能存在"等靠要"心理，应该积极开展自查自评，运用先进的评价理念和方式，在评估改进中提升自身水平，练好内功，以更优秀的状态迎接外部评价。

任务实操 12-3-1

小组合作，搜集整理资料：近三年有关托育的国家和所在省份政策文件。

任务实操 12-3-2

参照任务一中的《北京市托育机构质量评价要点（试行）》，小组讨论要做好迎接托育机构工作外部评价的准备，需要从哪些方面入手。

巩固提升

一、填空题

1. 托育机构工作评价是根据一定的目的和标准，采取科学的态度和方法，对托育机构工作中的_____、_____、管理和条件的状态与绩效，进行_____的价值判断。
2. 参照《幼儿园保育教育质量评估指南》和地方的托育机构质量标准，托育机构的评估内容应包括_____、_____、_____、_____、养育支持等方面。
3. 托育机构工作评价的方式可以参照《幼儿园保育教育质量评估指南》，评估的方式主要包括_____、_____和聚焦班级观察。

二、判断题

1. 托育机构工作评价是了解托育机构工作的适宜性、有效性，进而调整和改进工作的重要手段，对促进托育机构高质量发展具有重要意义。（   ）
2. 按照评价的对象不同，托育机构评价可以分为自我评价和他人评价。（   ）
3. 托育机构应充分重视外部评价，以评促建，提升自身工作水平。（   ）
4. 目前我国托育机构工作外部评价的主体主要是政府各部门，包括国家卫健委、住建部、人力资源保障部、地方卫健委等。（   ）
5. 一般认为，托育机构工作内部评价的主要内容包括：办托条件自评、职工队伍考核、机构管理自评、保育照护自评、安全保障自评、养育支持自评、卫生保健自评等。（   ）

拓展资源

1. 扫码学习。

扫码学习 12.4　国家卫生健康委办公厅关于做好托育机构卫生评价工作的通知

扫码学习 12.5　近年国家托育文件一览表

2. 查找阅读文献：第四代评价理论视域下国际托育机构质量评价的价值意蕴、路径选择及启示。

✦ 考核评价

班级_____ 组别_____ 姓名_____ 学号_____ 日期_____ 评价项目_____

评价阶段	评价内容	分值	佐证材料	学生自评	小组互评	教师评价	平台数据
课前自学	"扫码学习"完成度	10	平台数据				
	自学自测	10	是否完成测试题				
课中实训	任务实操12-1-1	10	实操任务完成情况				
	任务实操12-1-2	10					
	任务实操12-2-1	20	实操任务完成情况				
	任务实操12-3-1	5	实操任务完成情况				
	任务实操12-3-2	5					
	素质目标达成情况	5	是否初步具备遵从法律法规，客观公正进行托育机构各项工作评价				
		5	是否能以评促学，依据评价标准提升管理意识和专业水平				
课后提升	巩固提升	10	课后练习完成度				
	拓展资源	10	平台完成度数据				
	合计	100	教师签名				
	项目得分						

评价说明：在本项目完成之后，由任课老师主导，采用过程性评价与结果评价相结合，综合运用自我评价、小组评价和教师评价三种方式，由教师确定三种评价方式分别占总成绩的权重，计算出学生在本项目的考核评价得分。(平台数据完成的打√；未完成的打×)

参 考 文 献

[1] 洪秀敏.婴幼儿托育机构设置标准的国际经验与启示[M].北京：北京范大学出版社，2020.
[2] 三海燕，宫晓东.托幼机构管理[M].北京：清华大学出版社，2019.
[3] 姜露.托育服务从业人员职业规范[M].上海：上海教育出版社，2020.
[4] 上海市教育委员会.上海市0~3岁婴幼儿教养方案（试行）[M].上海：上海教育出版社，2008.
[5] 斯蒂文·谢尔弗.美国儿科学会育儿百科[M].7版.唐亚，等译.北京：北京科学技术出版社，2020.
[6] 陈玲.托育机构运营管理实务手册[M].上海：复旦大学出版社，2020.
[7] 薛彦华，史晓燕.幼儿园班级管理与环境创设[M].北京：北京师范大学出版社，2014.
[8] 张婷婷，刘芳，刘欣.婴幼儿营养与膳食管理[M].北京：中国人民大学出版社，2009.
[9] 丁玉.托育服务从业人员安全意识[M].上海：上海教育出版社，2020.
[10] 上海市教育委员会教学研究室.上海市幼儿园办园质量评估指南（试行稿）[M].上海：上海教育出版社，2020.
[11] 高敬.早期教育机构质量的重要性、内涵与评价[J].学前教育研究，2011（7）：14-15.
[12] 洪秀敏，王靖渊，朱文婷.第四代评价理论视域下国际托育机构质量评价的价值意蕴、路径选择及启示估[J].教育发展研究，2022（2）：38-46.